로컬의 발견

▬ 제3의 장소와 관계인구 **◼**

———

이 책은 2021년 대한민국 교육부와 한국연구재단의 지원을 받아 수행한 연구
입니다. (NRF-2021S1A3A2A01096330)

서강대학교 SSK(Social Science Korea) 지역재생연구팀은 2018년부터 교
육부(한국연구재단) 지원으로 지역창업과 중간지원조직을 중심으로 한국과
일본의 지역 변화를 연구하고 있습니다.

로컬의 발견

■ 제3의 장소와 관계인구 ■

이시야마 노부타카 편저

윤정구·조희정 옮김

더가능연구소
THE POSSIBILITY LAB

목 차

제1장

———

시작하며

이시야마 노부타카

(石山恒貴)

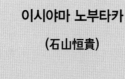

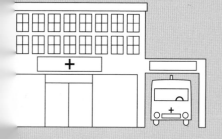

지역을 모르던 지난날

이 책은 지역과 별로 관계없이 사는 사람도 다양한 방법으로 지역과 유연하게 만날 수 있다는 것을 알리기 위해 썼습니다. 그러나 이렇게 말하는 저도 예전에는 지역과 별로 관계없이 살던, 수도권에 사는 전형적인 회사원일 뿐이었습니다.

헤세 시대*는 평화로운 시대였을지 모르지만 동시에 거대한 자연재해가 많았던 시대이기도 합니다. 저는 재해가 발생할 때마다 아무것도 할 수 없는 무력함을 느꼈습니다. 기부나 약간의 자원봉사

---

* 헤세(平成) 시대는 1989-2019년까지의 시대이다. (역주)

활동을 하긴 했지만 그 이상의 적극적인 활동을 하지 못했습니다. 무슨 활동을 어떻게 하는지도 잘 몰랐기 때문입니다.

뭔가 하고 싶어도 현실은 그저 야근하며 바쁘게 사는 직장인이었을 뿐입니다. 아파트에 살면서 아파트 이사회의 이사도 맡았지만 이 사회가 지역 자치회와 밀접하게 교류하는 경우는 별로 없기 때문에 거주지에서조차 지역을 실감하기 어려웠습니다.

소위 사회주권 영역이라고 부르는 기부나 자원봉사 활동은 나와 별로 관계없다고 생각하며 살았습니다. 원래 낯가리는 성격이어서 모르는 사람이 많은 지역에 적극적으로 뛰어드는 일에 마음이 내키지 않았습니다.

그런 제가 달라진 것은 대학교수가 되면서부터입니다. 저의 연구 주제는 '수평 경력(parallel career)'입니다. 수평 경력은 '개인이 일, 가정생활, 사회 공헌, 배움, 취미, 지역 활동 등 여러 가지를 동시에 하는 유연한 경력 활동'을 의미합니다.

교수가 되기 전, 회사원으로서 여러 연구회와 학습회에 참가했을 때 재미있었던 기억 때문에 교수가 된 후에 수평 경력을 연구 주제로 선택했습니다. 처음에는 기업이나 일 관련 연구회나 학습회만 대상으로 연구했지만, 연구를 계속하다 보니 지역에도 수평 경력을 실천하는 사람이 많다는 것을 알게 되었습니다. 그들을 따라가면서 자연스럽게 저도 지역에 참여하는 일이 늘어났습니다.

제가 근무하는 호세이대학* 대학원 정책창조연구과는 '지역 만들기 대학원'을 표방하고 있어서 학생이나 교수도 지역과 관계있는 전문가가 많습니다. 이런 분들로부터도 큰 영향을 받았습니다. 또한 정책창조연구과는 시즈오카현에 시즈오카 위성캠퍼스**도 있었기 때문에 시즈오카 분들과도 교류할 기회가 많았습니다.

이들과 관계의 가장 큰 특징은 대단히 느슨한 관계라는 것입니다. 저 자신도 지역의 팬이라고 자처하지만 크게 공헌한 일은 없습니다. 어떤 의미로 보면 지역을 짝사랑한다는 것이 더 적절한 표현인지도 모르겠습니다. 그러나 회사원 시절과 비교하면 좀 더 깊게 지역의 팬이 되었고, 지역에 아는 사람이 생겼다는 것만으로도 흥미를 느끼게 되었습니다.

어쨌든 저는 지역에 매우 깊이 참여하는 사람은 아니기 때문에 이 책을 쓸 적임자는 아닐지도 모르겠습니다. 다만 이제는 지역에 조금이나마 관여하게 되었기 때문에 '지역에 참여하고 싶다'는 초심자의 마음을 좀 더 잘 이해할 수 있는 처지가 된 정도입니다.

이 책의 각 장은 저보다 지역과 깊게 교류하는 우리 과의 직장인 대학원생들이 집필했습니다. 각 장에는 '지역과 유연하게 만나기'를 통해 인생 경력이 바뀐 사람과 보다 행복하게 된 많은 사람이 등장합니다. 모쪼록 이 책을 통해 여러분도 지역과 즐겁게 만나기를 바랍니다.

---

*호세이대학(法政大学)은 도쿄도 지요다구 후지미에 본부를 두고 있는 사립대학이다. (역주)
**현재 시즈오카 위성캠퍼스(静岡サテライトキャンパス)는 입학 모집을 중단했다.

로컬의 발견

지역이란 무엇인가

이 책에서 말하는 지역이란 무엇을 의미하는 것일까요. 우선 그 개념을 살펴봅시다. 지역은 도시와 지방을 이분법적으로 구분한 것이 아닙니다. 또한 반드시 행정구역과 일치하지도 않습니다. '참여하고 싶은 애착을 느끼고, 역사와 문화 등에서 통일성 있는 일정한 구역'을 의미합니다.

관계방법의 대상으로서 지역을 구분하면 첫째, 거주지. 둘째, 고향. 셋째, 거주지나 고향은 아니어도 무언가 관계있거나 응원하는 곳으로 구분할 수 있습니다.

이 책에서 말하는 느슨하게 관계하는 지역은 이 세 가지 의미를 모두 포함합니다. 각 장에는 지역을 대상으로 느슨하게 관계하는 세 종류의 사람들이 등장합니다. 이 가운데 특히 눈길을 끄는 새로운 사고방식은 바로 세 번째 의미인 '자신이 응원하는 지역'이 아닐까요?

지금까지 지역에 관계한다고 하면 철저하게 참여하는 상태만 생각해왔습니다. 즉 지역활성화정책을 통해 (주민도 출신자도 아니면서) '외지인'으로서 적극적으로 지역에 참여하여 화려한 성과를 올렸다는 식의 뉴스는 많이 있습니다. 그러나 '이 지역에 살지도 않는 외지인으로부터 이러쿵저러쿵 말을 듣고 싶지 않다'는 반발도 자주 일어나는 것이 지역 현실입니다.

따지고 보면 이런 반응은 회사에도 존재합니다. 일본의 회사는 (외지인을 거부하는 지역처럼) '외부인은 싫다'고 말하고 있습니다. 예를 들어 프리랜서와 협업하거나 앞으로 협업하겠다는 일본 회사 비율은 18.9%에 불과합니다(2016년 조사 결과)[*]. 겸업이나 부업하는 사람을 직원으로 받아들이겠다는 회사도 20% 정도에 그치는 것이 현실입니다(2018년 조사 결과)[**]. 요컨대 회사를 낯익은 정규직으로만 구성하고 싶다는 문화가 매우 강합니다. 지역이든 회사든 무언가 공헌하고 싶다면 정주하거나, 정규직이 되라고 요구하는 것입니다.

이런 구조 속에서는 지역과 밀접하게 관계 맺거나 아니면 관계 맺지 않는 두 개의 선택지밖에 없습니다. 그런데 요즘 노동 형태는 겸업, 부업, 프리랜서 등 선택지가 늘고 있는 상황입니다. 따라서 지역에 대한 관계방법도 더 다양한 선택지가 있겠지요.

지역이라는 제3의 장소

지역에 유연하게 관계하는 방법으로 강조하고 싶은 개념은 '제3의 장소' 개념입니다. 올덴버그가 제안한 이 개념은 가정(제1의 장소)도 직장(제2의 장소)도 아닌 장소를 의미합니다. [***] 예를 들면 영국의 선술집(pub)이나 프랑스의 카페처럼 마음 편하고 느긋하게 시간을 보

---

[*] 経済産業省. 2016. 『働き方改革に関する企業の実体調査』.
[**] 経済産業省関東経済産業局. 2018. 『兼業・副業による人材の受け入れニーズ調査報告書)』.
[***] R. Oldenburg. 1989. *The Great Good Place*. New York: Marlowe&Company. (김보영 역. 2019. 『제3의 장소: 작은 카페, 서점, 동네 술집까지 삶을 떠받치는 어울림의 장소를 복원하기』. 서울: 풀빛). (역주)

낼 수 있는 장소가 제3의 장소입니다.

제3의 장소는 중립적이고, 누구나 평등하고, 대화 중심이고, 찾기 편하고, 단골이 있으며, 본인이 눈에 띄지 않고, 즐길 마음으로 찾는 공간이자 또 하나의 우리 집 같은 느낌을 주는 곳이라는 8개 특징이 있습니다. 즉 가볍게 모여 교류하며 쉬고 즐길 수 있으며, 다양하고 이질적인 사람들이 사회적 위치나 입장을 신경 쓰지 않고 교류할 수 있는 곳입니다. 이런 특징은 유연하게 지역과 관계 맺는 데 적합한 특성이기도 합니다.

제4장을 쓴 가타오카 아키코(片岡亜紀子)는 제3의 장소를 세 종류로 구분합니다. * 첫째, 마이 플레이스형(My Place Type)입니다. 스타벅스처럼 시간 걱정 없이 혼자 여유롭게 즐기는 장소입니다. 각박한 도시 생활에 지친 사람들에게 자기만의 평온한 휴식 장소는 정말 소중한 곳입니다.

둘째, 사교 교류형입니다. 지역의 술집 등 오랜 단골들이 삼삼오오 모여서 즐기는 장소입니다.

이 책에서 지역의 제3의 장소로 주목하고 싶은 것은 셋째 유형인 목적 교류형입니다. 이는 지역의 비영리법인, 독서회, 학습회, 커뮤니티 카페 등 지역 활동 목적을 중심으로 자발적으로 모이는 장소입니다. 올덴버그가 지적한 사교가 중심인 제3의 장소의 의미를 한층 더 발전시킨 진화형 제3의 장소라고도 볼 수 있습니다.

＊片岡亜紀子・石山恒貴. 2017. "地域コミュニティにおけるサードプレイスの役割と効果."『地域イノベーション』. Vol.9: 73-86.

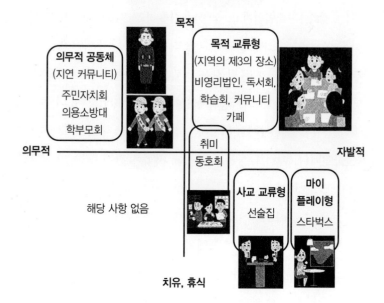

〈그림 1-1〉 지역의 제3의 장소 분류

목적

의무적 공동체
(지연 커뮤니티)
주민자치회
의용소방대
학부모회

목적 교류형
(지역의 제3의 장소)
비영리법인, 독서회,
학습회, 커뮤니티
카페

의무적 ―――――――――――――――― 자발적

취미
동호회

해당 사항 없음

사교 교류형
선술집

마이 플레이형
스타벅스

치유, 휴식

〈그림 1-1〉에서 의무적과 자발적이라는 X축과 목적과 치유·휴식이라는 Y축 사이에 사교 교류형과 마이 플레이스형이 있습니다. 원래 제3의 장소는 인생의 윤활유 같은 역할을 하기 때문에 자발적인 치유·휴식 영역에 해당합니다.

한편, 목적과 의무감을 갖고 형성하는 의무적 공동체[지연(地緣, 지역 기반) 커뮤니티]도 있습니다. 주민자치회, 의용소방대*, 학부모회(PTA, Parent-Teacher Association) 같은 지연 커뮤니티는 지역이 기

---

*의용소방대는 소방서의 소방 업무를 보조하기 위하여 그 지역 주민 가운데 희망자로 구성하는 소방대이다. (한국민족문화대백과) (역주)

능하기 위해 빠질 수 없는 필수 존재입니다.

그러나 지연 커뮤니티는 의무적으로 참여해야 하므로 이런 방법으로만 지역과 관계를 맺어야 한다면 조금 갑갑하게 느낄 수 있고, 너무 밀접한 농도의 인간관계라서 불편할 수도 있습니다. 조금은 부담 없이 가벼운 장소에서 좀 더 편안한 마음으로 활동할 수 있다면 더 풍요로운 지역을 만들 수 있을 것입니다.

바로 이 지점에서 목적 교류형(지역의 제3의 장소)이 새로운 선택지로 등장합니다. 지역의 제3의 장소가 설정한 목적은 지연 커뮤니티와 마찬가지로 지역이라는 가치를 기반으로 하기 때문에 중요하지만 동시에 자발적으로 참여할 수 있으므로 자유롭게 가입하고 탈퇴할 수 있습니다.

우선 편한 마음으로 활동한다는 것이 핵심입니다. '자발적인가', '의무적인가'는 개인이 느끼는 부분입니다. 그런 의미로 본다면 학부모회나 의용소방대와 같은 의무적 공동체도 주체적 생각으로 참여하면 목적 교류형이 됩니다.

또한 지역의 제3의 장소는 거주 지역이나 응원 지역이라는 기능도 있습니다. 지역에 관심 없던 사람이 지역에 참여하는 장소가 되기 때문입니다. 고향이나 응원하는 지역에 외지인으로서 자유롭게 출입하며 참여하는, 다양한 사람들을 흔쾌히 받아들일 수 있는 곳으로 작동합니다.

관계인구로 만나기

지역의 제3의 장소처럼 최근에 주목받고 있는 또 하나의 유연한 사고방식은 관계인구 개념입니다. 지금까지는 지역과 사람의 관계에 대해 정주인구나 교류인구(관광)라는 용어가 주목받았습니다. 인구감소에 따른 위기감이 고조되는 상황이다 보니 정주인구에 주목하는 것은 당연하겠지요. 조금이라도 인구를 늘리고 싶어서 U·J·I턴*에 의한 다양한 이주를 촉진하려고 지자체마다 열을 올리며 경쟁하는 상황입니다. 실제로도 U·J·I턴 붐이라고 할 정도로 이주하려는 사람들이 느는 것도 사실입니다.

대표적인 교류인구는 관광객입니다. 특색 있는 이벤트 개최, 지역 특화 상품 만들기, 소비 중심 경제 등을 잘 연결하면 단번에 관광객이 증가하여 지역을 살릴 수 있는 비장의 카드가 되기도 합니다.

그러나 지역에 관계하는 방법이 정주인구와 교류인구뿐이라면 선택지가 너무 적습니다. 물론 정주나 이주 모두 훌륭한 것이지만 '반드시 정주하거나 이주하여 힘껏 지역에 참여하지 않으면 지역에 관해 이야기할 자격도 없거니와 외지인으로부터 이러쿵저러쿵 말을 듣고 싶지 않다'고만 생각한다면 지역과 유연하게 연결되는 것은 불가능해집니다. 또한 많은 지자체가 경쟁하여 이주정책을 제시한다 해도 결국은 정해진 인구 범위 내에서 파이 뺏기 쟁탈전이나 승자 없는

---

*U턴은 고향 → 도시 → 고향으로 이동, J턴은 고향 → 도시 → (연고가 없는) 다른 지역으로 이동, I턴은 도시 → (연고가 없는) 지역으로 이동하는 것을 의미한다. (역주)

로컬의 발견

제로섬게임을 하는 한계도 나타납니다.

관광도 지역 발전을 위해 필요한 훌륭한 일이고 관광을 계기로 그 지역에 관심을 갖게 되어 이주하는 경우도 있습니다. 그러나 관광만으로 관계가 형성되는 것은 아닙니다. 높은 사회 공헌의식을 가진 청년층은 관광과는 좀 더 다른 방법으로 지역에 공헌하고 싶어 합니다.

이런 사회 흐름을 반영하여 총무성 연구회 보고서에서는 관계인구 개념을 정책으로 제시했습니다.* 보고서는 관계인구를 "장기적으로 살고 있는 '정주인구'나 잠시 방문하는 '교류인구'가 아닌 지역과 지역 주민과 다양하게 관계하는 인구"라고 정의했습니다.** 그리고 구체적인 관계인구 종류로서 '근처 거주자', '원거리 거주자', '관계있는 사람들', '노마드(nomad) 인구' 등을 제시합니다.***

노마드 인구는 다양한 관계방법을 자유롭게 선택하여 정주·이주나 교류·관광도 아닌 지역의 친구로 공헌하고 싶어 하는 사람을 말합니다. 이 개념은 로컬 저널리스트 다나카 데루미(田中輝美)가 제시

---

*일본 총무성은 2016년 '앞으로부터의 이주·교류시책의 방법에 관한 검토회(これからの移住·交流施策のあり方に関する検討会)'[대표: 오다기리 토쿠미(小田切德美) 메이지대학 교수]를 구성하여 관계인구정책을 핵심지역정책으로 추진 중이다(https://www.soumu.go.jp/main_sosiki/jichi_gyousei/c-gyousei/kankeijinkou.html). 또한 관계인구 포털 사이트(https://www.soumu.go.jp/kankeijinkou)를 통해 관계인구정책 추진 현황에 대한 정보를 제공한다. 이 책에서 참고한 관계인구에 대한 보고서『これからの移住·交流のあり方に関する検討会報告書ー関係人口の創出に向けて』원문은 https://www.soumu.go.jp/main_content/000529409.pdf 참조. (역주)
**총무성의 관계인구 보고서 19쪽.
***총무성의 관계인구 보고서 19쪽.

했습니다. 다나카는 저서에서 관계방법의 예로서 특산품 구입, 기부(고향납세)*, 빈번한 방문, 자원봉사 활동, 두 지역 거주**를 제시했습니다.***

다나카는 노마드 인구가 여러 지역에 동시에 참여하는 것을 긍정적으로 평가합니다. 여러 지역에서 활동하는 것은 진지한 태도가 아니므로 오직 하나의 지역에만 매진해야 한다는 것이 기존 사고방식입니다. 그러나 (정주나 이주가 최종 목적이 아닌) 노마드 인구가 되어 여러 지역을 응원하고 참여하는 것도 의미 있는 일이라는 새로운 사고방식이 형성되고 있습니다. 이는 직원들이 겸업이나 부업을 하지 말고 오직 하나의 기업에만 충성해야 한다는 사고방식에서 벗어나야 한다는 주장과도 같은 맥락입니다.

수평 경력으로 만나기

이 책에서 지역과 유연하게 연결하기를 추천하는 이유 중 하나는 그것이 개인의 경력 형성에 자극이 되고, 다양한 자기인식을 형성할 수 있는 좋은 기회이기 때문입니다.

---

* 우리나라는 2023년 1월 1일부터 (일본 고향납세 제도와 유사한) 고향사랑기부금제도를 실시할 예정이다. (역주)
** 일본에서는 두 지역에서 활동하는 인구층을 '더블 로컬(double local)'이라고 부른다. (역주)
*** 田中輝美. 2017. 『関係人口をつくる: 定住でも 交流でもない ローカル イノベーション』. 木楽舎. (윤정구·조희정 역. 2021. 『인구의 진화: 지역소멸을 극복하는 관계인구 만들기』. 서울: 더가능연구소.) (역주)

이런 생각을 비판하는 사람도 있을 것입니다. 지역 활성화의 목적은 인구감소 위기에 직면한 지역을 구하는 것인데 그 지역에 살지도 않는 개인이 자신의 경력을 쌓을 목적으로 참여하는 것은 이기적인 행동이라고 비판할 수도 있습니다. 이런 비판은 (지금까지 언급한) 정주·이주만 중시하는 사고방식 그리고 거대담론 지상주의에 기반한 사고방식에서 기인합니다.

근대사회는 거대담론의 시대였습니다.* 내가 속한 국가, 지역, 조직이 위기에 처했을 때 거대담론에 기반하여 기꺼이 자기희생을 할 수 있다는 사고방식이 지배적이었습니다. 사람들은 이런 행동을 보며 공감하고 감동했습니다. 그러나 현대사회에 접어들면서 복잡성과 변화가 증가하고 거대담론의 위력은 소멸하고 있다는 의견도 있습니다. 과연 그럴까요. 사실은 지금도 많은 사람이 어느 정도는 거대담론에 의존하며 살아갑니다.

물론 자신이 속한 국가, 지역, 조직을 위해 매진하고 때에 따라 희생하는 것은 존경할 만한 일입니다. 그러나 너무 거대담론에만 의존하면 생각 자체가 멈출 수도 있습니다. 아무 생각 없이 그저 국가, 지역, 조직의 필요에만 몰두하면서 그 자체에 안주하게 되는 역효과가 나타나는 것입니다. 어느 순간 '내가 하고 싶은 일'이라는 주체적인 개념 자체를 잊기 때문입니다. 그런 생각에 사로잡히면 '해야만 하는 일'을 하지 않는 사람을 철부지라며 비난하게 됩니다.

＊Jean-Francois Lyotard. 1979. *La condition postmoderne: rapport sur le savoir.* Paris: Minuit. (유정완 외 역. 1992. 『포스트모던의 조건』. 서울: 민음사.) (역주)

이렇게 모두 아무 생각 없이 거대담론을 믿는 것이 과연 좋은 것일까요. 개인의 기쁨은 잊히고 없어지는 것이 좋은 상태일까요. 거대담론이 없어진다면 불안한 사람도 있겠지만, 개인의 미시담론도 중요하게 생각해볼 필요가 있지 않을까요.

물론 미시담론에 대한 비판도 있습니다. 거대담론에 휩쓸리는 것이 두렵다며 각각의 독립성을 강조하고 독자적인 가치를 주장하는 미시담론을 선택하면 서로를 이해하지 못하게 되거나 개인주의에만 매몰된다는 비판입니다.

그러나 미시담론은 개인의 방종을 의미하는 것이 아닙니다. 개인의 경력을 고려하는 차원에서 미시담론을 소중하게 생각하는 것은 궁극적으로 타인을 소중히 여기는 마음과도 연결됩니다. 무엇보다 각자의 미시담론의 다름을 인정하며 대화하고 서로 이해하려는 자세가 필요합니다. *

거대담론에 기반하든 미시담론에 기반하든, 대화하려는 자세가 있다면 지역과 관계 맺을 때 지역 공헌이라는 목표에 다다를 수 있습니다. 자신의 경력을 다양하게 하면서 지역과 연결하고 싶다는 사고방식이 수평 경력의 핵심이기도 합니다.

---

*리오타르가 제시한 포스트모던 개념에서는 미시담론의 공약 불가능성이 진전한다고 평가한다. 그러나 거겐(Kenneth J. Gergen)과 로티(Richard McKay Rorty)는 세상에 절대 유일의 진실은 없으며 도움 될 수 있는 다른 사고방식을 유연하게 수용하면 그것으로 충분하기 때문에 대화한다고 주장한다. 이 책은 기본적으로 그런 입장에 기반하고 있다.

〈그림 1-2〉 네 개의 일 영역과 삶의 역할

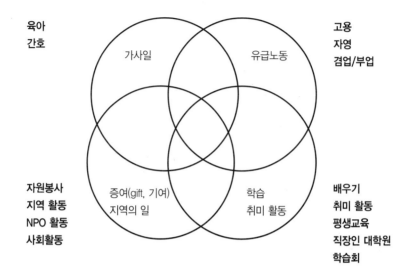

*출처: Charles Handy. 1995. *The Age of Paradox*. Brighton: Harvard Business Press. (小林薫 訳. 1999. 『パラドックスの時代: 大転換期の意識革命』. ジャパンタイムズ.)을 참조하여 재구성.

　〈그림 1-2〉는 찰스 핸디(Charles Handy)가 제시한 '인생에서 할 수 있는 네 가지 일'입니다. 여기에서 일은 유급노동뿐만 아니라 광범위한 의미의 다양한 활동을 의미합니다. 핸디는 고령화와 복잡성이 증가하는 현대사회에서 단 하나의 일에만 전력하는 삶의 방식뿐만 아니라 여러 가지 일을 동시에 하는 삶의 방식도 가능하다고 말합니다. 그리고 자유롭게 다양한 유형의 일을 선택할 수 있다면 개

인의 삶은 더욱 풍요로워진다고 말합니다. 저는 이 네 가지 영역의 일을 동시에 하는 것이 수평 경력이라고 생각합니다.

원래 핸디가 제시한 네 가지 일은 유급노동, 가정에서 하는 가사 노동, 사회에 공헌하는 증여행동(gift work, 기여), (평생교육을 의미하는) 학습행동이었습니다. 저는 여기에서 증여행동을 '증여·지역의 일'로 재구성했습니다. 사회에 공헌하는 증여행동은 보통 자원봉사 활동이나 비영리 활동 등을 의미하지만 이런 활동에 지역사회 공헌이라는 의미도 포함되어 있기 때문에 그 의미를 좀 더 분명히 하기 위해 '증여·지역의 일'이라고 수정했습니다.

또한 학습행동의 '학습'이라는 말에는 리커런트 교육(recurrent education, 순환교육)처럼 학교교육뿐 아니라 취미·동아리 활동처럼 재미나 배움을 추구하는 활동도 포함되어 있으므로 학습·취미행동으로 수정했습니다.

이렇게 보면 수평 경력은 증여·지역의 일로서 지역이라는 의미가 포함된 개념이 됩니다. 〈그림 1-2〉처럼 증여·지역의 일은 유급노동과 겹치는 부분이 있기에 보수가 있기도 하고 없기도 합니다. 또한 증여·지역의 일은 학습·취미행동과도 관련이 있어서 배움이라는 요소도 포함합니다.

예를 들어 수평 경력 관점에서 보면 생계유지를 위한 유급노동을 하면서 응원하는 지역에서 증여·지역의 일을 하는 노마드 인구는 자연스러운 현상입니다. 또한 네 가지 영역의 일을 의식하는 자체가 여러 개의 일이 있다는 것을 안다는 것이므로 거대담론에 구속되지도 않습니다. 내가 하고 싶은 일과 나의 미시담론을 생각하면서 지역과 유연하게 관계 맺을 수 있게 되는 것입니다.

목적 교류형 제3의 장소와 관계인구

여기에서 간단하게 저와 관련 있는 (인재 육성을 목적으로 하는) 목적 교류형 제3의 장소와 관계인구 사례를 소개하고자 합니다.

저는 니가타현(新潟県)에서 태어났습니다. 수도권에는 경력 형성·인재 육성 관련 일을 하는 니가타 출신 사람들이 꽤 있습니다. 가끔 도쿄 가구라자카(神楽坂)의 니가타 향토요리점에서 게이오기쥬쿠대학(慶應義塾大学) 대학원 이공학 연구과의 고스기 토시야(小杉俊哉) 교수, I-plug사의 가나자와 모토키(金澤元紀)와 한잔할 때 "니가타에서 경력 형성을 위한 이벤트를 정기적으로 개최하면 재미있겠다"라는 이야기를 주고받곤 했습니다.

본격적으로 참가자를 모집해보니 니가타 주민, 니가타와 도쿄의 두 지역에서 활동하는 사람, 수도권에 사는 니가타 출신자, 니가타에 살지 않지만 가끔 강의하러 오는 사람, 니가타 출신의 세계적인 사진작가 등 관계인구라고 부를 수 있는 사람들이 모였습니다. 저는 그들과 함께 '니가타 경력발전포럼'*을 결성했습니다.

---

*니가타경력발전포럼(新潟キャリアディベロップメントフォーラム, https://www. career-development-forum.work).

니가타에서 개최된 제1회 경력발전포럼

니가타현은 츄에치(中越), 가에치(下越), 죠에치(上越) 세 지역으로 구분하는데, 각 지역을 돌면서 경력발전포럼을 개최하며 교류 촉진을 위해 노력했습니다. 2018년 6월 가에치 지역(니가타시)을 시작으로 11월 츄에치 지역(나가오카시), 2019년 8월 죠에치 지역(죠에치시)에서 포럼을 개최했습니다.

니가타시에서 개최한 포럼에 고등학교 1학년으로 15세에 창업한 히라마쓰 모모카(平松明花)에게 특별 강연을 부탁하고, 참가자 각자가 자율적으로 경력을 만들 수 있는 방안에 관해 의견을 나누었습니다.*

---

*모자이크 워크(モザイクワーク, https://www.mosaicwork.co.jp/event/488, 검색일: 2019. 4. 1.).

15세 창업자 히라마쓰 모모카

히라마쓰는 2018년 2월 한국 화장품을 수입하여 판매하는 주식회사 CPC를 설립했습니다. 그녀는 회사를 창업하여 경영하는 일을 좋아하고 하고 싶은 일을 하려는 평범한 고등학생으로서 창업 이외에 다른 일에도 도전하고 싶어 합니다.

도쿄에서 열린 포럼에는 히라마쓰의 창업을 지원한 모자이크 워크사의 스기우라 지로(杉浦二郎)도 함께 초대했고 이를 《니가타일보》가 취재하기도 했습니다.* 이처럼 부담 없이 가벼운 모임도 목적 있는 사람들이 자발적으로 모이면 느슨하고 즐겁게 여러 지역 사람들과 만날 수 있습니다.

그다음 사례는 지역 혁신가(Innovator) 육성입니다. 오이타(大分)에서는 지역 혁신가 육성을 위해 2019년 '오이타 이노베이터스 코레

---

* 《新潟日報》(https://www.niigata-nippo.co.jp, 검색일: 2019. 4. 1.)

오이타 이노베이터스 코레지오

지오'*를 시작했습니다.

　오이타는 오토모 소린(大友宗鱗)**에 의해 남만(南蛮) 문화가 꽃핀 지역입니다. 1580년 분고노쿠니부(豊後國府, 오이타현의 옛 이름)에는 일본 최초로 '코레지오(コレジオ, collegio)'라는 성직자 육성 및 일반 교양 교육을 위한 고등교육기관이 설립되었습니다. 이 코레지오를 현대에 혁신가 육성 교육으로 발전시킨 것이 '오이타 이노베이터스 코레지오'입니다.

＊오이타 이노베이터스 코레지오(大分イノベーターズコレジオ, http://collegio-oita. com/oic).
＊＊ 오모토 소린은 일본 전국시대의 다이묘이다. (역주)

　　　　　　　　　로컬의 발견

그런데 코레지오 추진팀의 다양한 구성이 매우 재미있습니다. 오이타에 거주하는 자이나스사 에토 도시아키(江藤稔明) 대표, 오이타와 도쿄의 두 지역에서 활동하는 여성 창업가 캐리어 보이스 야마사키 미와(山崎美和) 대표, 오이타에 U턴한 오이타대학 강사 이카리 구니오(碇邦生) 등이 주 멤버인데 그 경력에서 오이타 이외 지역과도 관계 깊은 인물들입니다. 그래서 오이타 이노베이터스 코레지오 강사진은 오이타 내외의 특색 있는 사람들이 결집했습니다. 거주자, U턴한 사람, 두 거점을 왕래하는 사람 등 다양한 관계인구가 드나들게 된 것입니다.

저는 에토, 야마사키, 이카리 등과 코레지오 창립에 대한 생각을 허심탄회하게 의논했고, 코레지오에 강사나 수강생으로 참여하면서 참여자 사이에 어떤 화학반응이 일어나는지 직접 보고 경험했습니다.

또한 제가 사는 가나가와현(神奈川県) 가와사키시(川崎市)에는 '가와사키 100인회의'라는 재미있는 이벤트가 있습니다. 원래 지역 사람들의 유연한 연대를 형성하기 위한 '100인회의'*라는 커뮤니티가 있는데, 이를 지역에 적용해보자고 제안한 사람이 다카시마 다이스케(高嶋大介)입니다.

다카시마는 원래 항구 지역 활성화 사업을 하고 있었습니다. 항구는 정말 도시 중의 도시 같은 느낌이어서 주간활동인구가 야간활동

---

* 100인회의(https://100ninkaigi.com).

100인회의

인구보다 압도적으로 많은 곳입니다. 다카시마는 항구에 많은 주간활동인구와 기업이 있지만 그들 간의 연대는 부족하다고 느꼈습니다. 물론 이것은 항구만의 문제가 아닙니다. 규모가 큰 회사에서도 같은 부서 사람과는 친하지만, 모르는 부서 사람과는 교류가 없으니까요.

다카시마는 이처럼 지역과 사회에서 연대 단절이라는 문제의식을 느껴 항구에서 100인회의의 원형인 이벤트를 시작했습니다. 100인회의는 매회 그 지역에서 재미있는 활동을 하는 게스트 5명의 이야기를 듣고 최종적으로 게스트가 100명이 되면 해산하는 커뮤니티입니다. 즉 20회를 개최하면 해산하는 '끝이 있는 커뮤니티'입니다.

매회 출연하는 게스트는 그 지역과 관계있는 사람이면 누구나 가

로컬의 발견

100인회의 뒤풀이

능합니다. 실제로 시마네현(島根県) 운난시(雲南市)에서 개최한 제1
회 100인회의에서는 초등학생이 게스트였습니다. 게스트는 자신의
생활방식과 일하는 방식을 10분간 소개하는데 특별한 사람이나 유
명한 사람이 아니더라도 괜찮습니다. 오히려 지역 이웃의 생활방식
과 일하는 방식을 알게 되니까 재미있고, 그 과정에서 여러 사람의
연대가 이루어질 수 있으니 그것으로 좋은 것입니다.

　또한 '끝이 있는 커뮤니티'라는 명확한 특징도 재미있습니다. 〈그
림 1-1〉에서 설명한 것처럼 목적을 가진 커뮤니티는 자발적으로 참
가하는 목적 교류형 제3의 장소와 의무적으로 참가하는 의무적 공
동체(지연 커뮤니티)로 구분합니다.

　의무적 공동체는 출입이 자유롭지 않기 때문에 계속 그 커뮤니티

에 속해 있어야 합니다. 그런데 목적 교류형 제3의 장소도 장기간 지속되면 의무적 공동체와 유사한 문제가 발생할 수 있습니다. 커뮤니티 운영자의 열의가 식을 수 있고, 커뮤니티에서 처음부터 활동하던 사람만 대단하다고 평가하는 선배 우대 분위기가 되면 자유로운 분위기가 없어지고, 커뮤니티 유지 자체만 목적이 되는 등의 문제가 그것입니다. 그런데 100인회의는 20회를 개최하면 종료한다는 명확한 선이 있으므로 큰 부담이 없는 것이 장점입니다.

물론 더는 개최하지 않는다고 하면 허전함을 느낄 수도 있지만, 오히려 커뮤니티의 핵심인 운영팀은 정해진 기간에 집중하며 열의를 갖고 분발할 수 있습니다. 아울러 100인회의에서 만난 이후에 마음 맞는 사람들끼리 또 다른 모임을 이어갈 수도 있습니다.

2016년 항구에서 그 원형을 시작한 100인회의는 2017년 2개, 2018년 8개, 2019년 21개로 전국에 급속히 확대되었습니다. 그것도 다카시마에게 해당 지역으로 와 달라고 부탁하는 것이 아니라 사람의 연대를 통해 지역 스스로 개최하고 있습니다. 다카시마도 그 확산 속도에 놀랐다고 합니다.

저는 가와사키시에 거주하는 가와사키 100인회의 발기인인 조직 개발 컨설턴트 다나카 아키라(田中光)의 부탁으로 2019년 4월 가와사키 100인회의에 게스트로 참가했습니다. 지역에서 평소 만나기 어려운 사람들과 교류할 수 있는 느슨한 이벤트, 목적 교류형 제3의 장소의 즐거움을 몸소 느꼈습니다. 정말 자발적으로 참가하고 출입이 자유롭고 지역과 느슨하게 연결되는 좋은 방식의 커뮤니티라고 생각합니다.

당시에 저는 다카시마를 알지 못했지만 가와사키 100인회의를 계기로 그를 알게 되었고, 그 후 가와사키 100인회의 운영 담당자인 지바 노리코(千葉憲子)와 세미나에도 자주 참가하게 되었습니다.

유연한 일자리와 관계인구

관계인구는 유연하게 일하는 방식과 잘 어울립니다. 그런 차원에서 최근 주목받고 있는, 히로시마현 후쿠야마시(広島県 福山市)에서 전개하는 부업·겸업 인재의 활약은 관계인구의 방향성에 많은 시사점을 제공합니다.

후쿠야마시는 2017년 11월 15일부터 12월 12일까지 약 한 달간 지역 현안에 대응하는 민간 프로 인재를 전략기획매니저라는 이름으로 부업·겸업에 한정하여 모집했습니다. 이렇게 모집한 이유는 민간의 자유로운 발상을 수용하고 싶었기 때문입니다. 근무 조건은 월 4일 근무, 일당 2만 5천 엔(숙박·교통비는 별도 지원)이었고, 전국을 대상으로 모집했습니다. 1명 모집에 전국에서 395명이 응모해서 결국 모집 인원을 늘려 5명을 선정했습니다.* 선정된 전략기획매니저 5명의 본업 근무지는 수도권과 간사이(関西) 지역이었습니다.

전국에서 400여 명이나 응모한 것은 결국 원격근무(telework), 부

---

*《每日新聞》. 2018. 3. 6.

노구치 신이치와 안사이 사야의 활동 모습

업·겸업 등 새로운 업무 방식에 많은 수요가 있다는 것을 의미합니다. 그렇게 뽑힌 5명의 전략기획매니저들은 바로 성과를 내고 있습니다. 그중에 오사카 로토제약에 근무하는 안사이 사야(安西紗耶)와 도쿄의 영상 회사에 근무하는 노구치 신이치(野口進一)의 활동을 소개하겠습니다.

안사이는 후쿠야마시의 매력적인 콘텐츠를 조합하여 '빈고(備後, 히로시마 동부 지역의 옛 이름) 리트리트(retreat) 여성 여행'이라는 여행 프로그램을 기획했습니다. 후쿠야마시는 신오사카역에서 신칸센으로 1시간 거리에 있습니다. 간사이권의 주말 여행지로 최적의 장소이며 관광하기 좋은 다양한 콘텐츠도 많습니다. 안사이는 이제까지 그런 콘텐츠들이 잘 어우러지지 못했다고 생각해서 대상층을 압축

로컬의 발견

한 여행 프로그램을 제안했습니다.

주요 대상은 혼자 주말여행을 하고 싶어 하는 20대 후반에서 40대 여성입니다. 그들은 평일에는 간사이와 후쿠오카 등 대도시에서 바쁘게 일하기 때문에 주말에는 혼자 한가롭게 쉬고 싶을 것이라고 분석했습니다. 그러나 친구들과 시간을 맞춰 여행하기는 어려울 테니 이런 여성들에게 후쿠야마시로의 주말 '홀로여행'을 제안한 것입니다.

행정 서비스는 시민에게 보편적이고 공평한 서비스를 제공하는 것이 기본이기 때문에 후쿠야마시로서는 이렇게 대상을 일부 계층으로 압축하는 발상이 매우 낯설고 신선했습니다. 그러나 전략기획매니저 제도를 도입한 목적 자체가 기존 사고방식에서 나올 수 없는 발상의 전환을 수용하려는 것이었기 때문에 시는 이 제안을 수용하여 실행에 옮겼습니다.

바쁜 일상을 벗어나 한가로운 쉼을 원하는 여성의 홀로여행이라는 기획에 딱 맞는 장소도 있었습니다. 후쿠야마시 산간에 있는 7만 평의 광대한 땅은 '보다. 걷다. 쉬다. 몽상하다'를 콘셉트로 하고 있으며, 신승사라는 절에서는 참선 체험도 할 수 있어서 일상의 바쁨을 잊기에는 절호의 장소입니다.

도모노우라(鞆の浦, 항구)도 추천합니다. 세토나이카이(瀬戸内海) 국립공원이 있는, 에도 시대*의 전통적 풍경을 간직한 항구 마을 도모노우라는 마을 문화를 주제로 한 이야기가 일본 유산으로 선정되

---

*에도(江戸) 시대는 1603-1867년까지이다. (역주)

도모노우라 거리

기도 했습니다. 이곳은 스튜디오 지브리가 제작한 애니메이션 〈벼랑
위의 포뇨〉의 무대로도 유명합니다. 에도 시대의 중후한 돌담 거리
풍경과 곳곳의 멋진 카페가 공존하는 항구에는 1859년에 건설된 도
모노우라 상야등(常夜燈)이라는 등대가 있습니다. 이 상야등은 인
스타그램의 핫스폿으로도 매우 유명합니다.

도모노우라에서 배로 5분이면 무인도 센스이섬(仙酔島)에 도착합
니다. 센스이섬은 세토나이카이의 서로 다른 조류가 부딪히는 지점
으로 에도 시대의 동굴 목욕탕이 유명합니다. 비일상적인 한가로움
이 있는 이 섬이야말로 인생의 의미를 되돌아보기 좋은 장소입니다.

로컬의 발견

상야등

　안사이는 후쿠야마시의 이런 장소들로 콘텐츠를 기획하여 2018
년 10월 여성 홀로여행 사업을 시작했습니다. 지금은 참가자를 추
첨으로 정할 정도로 인기이며, 그들이 여행하는 모습은 인스타그램
과 트위터에 많이 올라와 있습니다. 이 프로그램의 성공 비결은 대
상의 니즈를 압축했기 때문에 장소를 통합적으로 제시할 수 있었다
는 것입니다. 민간이 기존에 할 수 없던 발상 전환의 효과를 보여준
것입니다.

　한편 노구치는 수도권의 크리에이터를 후쿠야마시로 불러들이는
일에 힘을 쏟고 있습니다. 홀로여행 기획에서 알 수 있듯이 후쿠야마
시에는 매력적인 장소가 많습니다. 영화와 드라마 촬영지로도 인기

인데, 이를 활용하여 '영상의 거리' 콘셉트로 관련 사업과 인재 유치 등 포괄적인 촬영지 지원 프로그램을 구성했습니다.

노구치의 또 다른 시도는 워케이션(workation)입니다. 워케이션은 일(work)과 휴가(vacation)의 합성어로서 원래는 휴가지 등에서 일하는 새로운 노동 방식을 의미합니다. 모바일 미디어를 이용한 새로운 노동 방식을 연구하는 마쓰시타 게타(松下慶太)의 분석에 의하면 워케이션은 '일상적 비일상'과 '비일상적 일상'을 동시에 구현하면서, 노동과 휴가를 구분하는 고정관념을 바꿀 수 있는 가능성이 있습니다.* 또한 원격근무 등 유연한 노동 방식을 지원하는 ICT 등의 기술 진보로 가능하게 된 노동 방식이기도 합니다.

크리에이티브 산업 종사자는 일하는 장소에 구애받지 않으며 도전 정신이 높다는 것이 특징입니다. 그렇기 때문에 매력 있는 비일상적인 장소가 많은 후쿠야마시에서 일하는 것은 이들에게 현실적인 선택지가 될 수 있습니다. 이런 인구들이 늘어나면 다른 분야의 인재도 유치하게 되면서 대도시권과 후쿠야마시의 인재 순환이 이루어질 수도 있습니다.

다만 이런 구상을 실현하려면 크리에이티브 산업 종사자와 협업할 수 있으면서 신뢰할 수 있는 사람이 필요합니다. 이제까지 후쿠야마시에는 그런 인적 네트워크가 존재하지 않았습니다. 이런 상황에 노구치가 전략기획매니저로서 자신의 인맥을 활용하여 워케이션

---

*松下慶太. 2019. 『モバイルメディア時代の働き方』. 勁草書房.

로컬의 발견

후쿠야마시에서 열린 원격 회의

구상을 실현한 것입니다. 시의 직원들은 "시가 단독으로 연결한 것이 아니라 (노구치와 같은) 핵심 인물이 이런 연결을 만들어낸 것이다"라고 평가합니다.

우리 연구팀은 이런 참신한 시스템에 주목하여 후쿠야마시와 공동 연구를 진행하고 있습니다. 2019년 6월에 연구원 2명과 후쿠야마시청을 방문했습니다.* 그 당시 인상 깊었던 것은 도쿄에서 방문한 우리 연구팀, 후쿠야마시청, 안사이의 근무지인 오사카를 연결한 원격 회의입니다.

---

*《日本経済新聞電子版》2019. 6. 13.

저는 후쿠야마시에 실제로 가서 보고 그 상황을 직접 체험하는 것이 가치 있다고 생각했습니다. 그런데 물리적 장소 제약 없이 전국에 흩어져 일하고 있는 전략기획매니저들과 만날 수 있었습니다. 이처럼 관계인구 시대에는 홀로여행처럼 실제로 그 장소를 체험하고 팬이 되는 일, 워케이션처럼 근무지와 휴가지를 ICT 기술을 활용하여 원격으로 연결하는 일 등이 중요해질 것입니다.

후쿠야마시 사례는 관계인구에 많은 시사점을 제시합니다. 원격지에서 겸업·부업 하는 노동 형태는 원격근무 등 ICT 기술의 진전과 더불어 충분히 실현이 가능해지고 있습니다. 누구나 장소의 제약 없이 자기가 좋아하는 지역에서 일할 수 있게 된 것입니다.

또한 서로 다른 발상을 가진 행정기관과 민간이 어우러져 그 지역의 팬을 더 늘리는 일도 가능합니다. 앞으로도 대상을 압축한 기획으로 지역의 매력을 알리거나 지역에 관심 없던 사람들과 연결될 수 있는 성과가 계속 이어지기 바랍니다.

이 책의 구성

이 책은 다음과 같이 구성했습니다.

제2장은 지역에서 제3의 장소를 만드는 법에 대해 제가 집필했습니다. 사례로는 지바현 마쓰도시에서 학습 지원을 하는 NPO J월드가 어떻게 제3의 장소가 되었는지를 다루고 있습니다. J월드는 세대 구분 없이 그리고 지원자와 피지원자 구분 없이 수평 경력을 실천하

는 사람들이 만드는 제3의 장소입니다.

제3장은 기타가와 가스즈미(北川佳寿美)가 고향인 후쿠오카현(福岡県) 무나카타시(宗像市)에서 멀리 떨어진 도쿄에 살면서도 고향과 인연을 맺은 과정을 이야기합니다. 이는 '고향으로서의 지역'과 관련된 사례입니다.

제4장은 가타오카 아키코(片岡亜紀子)가 지바현 이치카와시의 창업지원 사례를 소개합니다. 이직을 준비하던 여성이 이치카와시 창업 지원을 계기로 생각지도 못했던 지역 관련 창업을 하는데, 이는 '현재, 거주하는 지역'과 관련된 사례입니다.

제5장은 다니구치 치사(谷口ちさ)가 고치시(高知市) 도사야마(土佐山) 지역의 이주 사례를 소개합니다. 이주 사례이지만 그 과정에서 비영리법인 도사야마 아카데미가 중요한 역할을 합니다. 이주자나 도사야마 아카데미 대표도 외지인이지만 도사야마에는 옛날부터 외지인에게 개방적인 역사와 문화가 있어서 지역 활동이 가능했다는 것을 강조합니다(우리 연구팀도 도사야마에서 하계 합숙 세미나를 하고 있습니다). 이 사례는 앞서 이야기한 첫 번째, 두 번째, 세 번째 관계 방법 유형이 복합된 사례입니다.

제6장은 야마다 진코(山田仁子)가 요코하마시(横浜市) 이와사키(岩崎)학원 학생의 지역 공헌 사례를 소개합니다. 이는 관계방법의 첫 번째 유형인 '현재, 거주하는 지역'과 관련된 사례입니다.

제7장은 기시다 야쓰노리(岸田泰則)가 집필했습니다. 기후현(岐阜県) 나카쓰가와시(中津川市)에서 60세 이상의 고령자를 신규 채용하

는 기업이 많은 이유는 역사·문화적으로 나카쓰가와시에서 평생학습을 권장했기 때문입니다(우리 연구팀도 나카쓰가와시에서 하계 합숙 세미나를 하고 있습니다). 이 역시 첫 번째 유형인 '현재, 거주하는 지역'에 관한 사례입니다.

제8장은 사노 아리토시(佐野有利)가 집필했습니다. 중산간 지역인 시즈오카현(静岡県) 시마다시(島田市) 사사마(笹間) 지역에서 인구감소로 지역의 유일한 초·중학교가 폐교되었습니다. 이 폐교 건물을 재활용하여 어린이들의 목소리를 되살리자고 지역 주민이 뭉쳤습니다. 그리고 외지인도 참여하는 국제도예박람회를 개최하여 이주자도 늘었습니다. 이 사례는 첫 번째, 두 번째, 세 번째 유형이 복합된 사례입니다.

제9장은 제가 홋카이도 무로란시(北海道 室蘭市) 사례를 소개합니다. 무로란시는 지역과 관련한 경력 교육을 시행하고 있습니다. 저는 이 경력 교육에 무로란시의 팬으로서 참가했습니다. 이 사례도 첫 번째, 두 번째, 세 번째 유형이 복합된 사례입니다.

어떻습니까. 이 책에 소개된 다양한 사례를 보는 것만으로도 지역과 관계하는 여러 방법이 존재하는 것을 알 수 있겠지요. 그럼 지금부터 지역과 유연하게 연결될 수 있는 여행을 함께 떠나볼까요?

로컬의 발견

제2장

지역의 제3의 장소 만들기 / J월드

이시야마 노부타카

(石山恒貴)

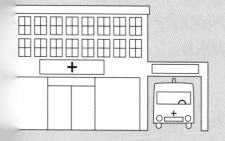

이 글에서는 지바현 마쓰도시와 시즈오카현 중부 지역 사례를 통해 지역에서 제3의 장소를 만드는 법에 관해서 이야기하겠습니다. 제3의 장소는 앞서 소개한 대로 가정(제1의 장소)도 직장(제2의 장소)도 아닌 여유로운 시간을 보내는 또 다른 장소를 의미합니다.

  이 글은 비영리법인, 마을 만들기, 커뮤니티 카페 등 지역 활동이라는 목적을 실현하기 위해 사람들이 자발적으로 모이는 목적 교류형 장소를 '지역의 제3의 장소'로 강조하고자 합니다. 그렇다면 목적 지향적이며 자유롭게 드나들 수 있는 지역의 제3의 장소는 어떻게 만들 수 있을까요.

로컬의 발견

유스페이스

J월드와 만남

'비영리법인 어린이 환경을 지키는 모임 J월드'*는 초등학생과 중학생을 위한 출장 경력 수업을 할 때 처음 알게 되었습니다. 우리 연구팀은 NPO캐리어권추진네트워크**와 함께 초중고생을 위한 교육을 진행하고 있습니다(제9장 홋카이도 무로란시 사례는 고등학생과 대

---

*J월드(Jワールド, https://www.kosodate-hiroba.com).
**NPO캐리어권추진네트워크(Network Right to Career, http://www.career-ken.org).

유스페이스

학생 교육 사례입니다).

지바현 마쓰도시***에 있는 J월드는 지역 어린이 놀이 공간 형성을
목적으로 하는 비영리법인으로 학습 지원 사업도 진행합니다. 마쓰
도시의 학습 지원 사업은 학습 지원과 놀이 공간 제공, 학습 의욕과
기초학력 향상 촉진으로 스스로 학력을 배양하는 것을 목적으로 초
등학교 5학년부터 중학교 3학년까지의 취약계층, 한부모 가정 어린
이를 대상으로 합니다.

NPO캐리어권추진네트워크는 학생 때부터 자기 경력을 주체적으

＊마쓰도시(松戶市, https://www.city.matsudo.chiba.jp)

로컬의 발견

어린이 식당 '삿짱식당'

로 생각해보는 것이 중요하다는 점을 알아가도록 초중고생을 위한 출장 경력 수업을 진행하는데, 이는 J월드 활동 목적에도 잘 맞는 것입니다.

　J월드 미우라 데루에(三浦輝江) 대표는 2017년 출장 경력 수업 준비를 위해 J월드가 지역에 개방한 놀이 공간 '유스페이스'를 방문했을 때 처음 만났습니다. 그 장소를 놀이 공간으로 하는 중학생들이 스스로 유스페이스라고 이름 붙인 것이 흥미로웠습니다. '유스(Youth)의 페이스(Pace)로 유(You)의 스페이스(Space)를 찾아 유(You)의 페이스로 지내는 장소'라는 의미라고 합니다.

　이 공간은 신마쓰도역에서 가까운 빌딩 2층에 있습니다. '삿짱식

삿짱식당의 명물 빅오므라이스

당' 간판 등 아이들이 직접 만든 장식이 걸려 있고 놀이 공간다운 따뜻함도 느낄 수 있었습니다. 그러나 건물과 놀이방 분위기만 으로 따뜻함을 느낀 것은 아니었습니다. 직원, 어른, 청년 모두 웃음을 머금은 환한 얼굴로 즐겁게 지내고 있었습니다. 학습 지원을 받는 학생과 자원봉사 학생을 구분하기 어려울 정도로 서로 어울려 즐기고 있었습니다.

미우라에게 그런 느낌을 말하자, '이 장소는 지원자와 피지원자의 구분 없이 서로 즐기는 것이 특징'이라고 알려주었습니다. 유스페이스에는 많은 놀이 공간 연구자들이 방문하는데 이구동성으로 "지원자와 피지원자가 같은 눈높이로 대화하고 있어서 그들을 구분하기 어려울 정도"라며 놀란다고 합니다.

J월드에서의 초등학생과 중학생을 위한 출장 경력 수업은 2017년 7월 11일에 2회로 나누어 진행했습니다. 어린이들은 자신 있게 의견을 말하며 워크숍에 참가했습니다. 항상 직장인 5-6명이 수업 퍼실리테이터(Facilitator)*로서 아이들과 그룹을 지어 이야기했습니다.

그렇게 수업을 진행하는데 '이 장소는 왜 이렇게 즐거울까' 하는 의문이 들었습니다. 유스페이스를 방문하기 전까지는 학습 지원 공간

J월드의 출장 경력 수업

은 그저 즐겁기만 하면 되지 않을까 하고 막연하게 생각했으니까요. 그래서 미우라에게 이처럼 즐겁고 따뜻한 놀이 공간을 어떻게 만들게 되었는지 물어보았습니다.

＊퍼실리테이터는 조직 역량 개발, 개인 변화, 문제해결, 갈등 관리, 전략 수립, 조직 개발, 조직 문화, 지역 개발, 정책 수립 등을 지원하기 위해 의뢰자의 니즈를 파악하고 운영 방안을 마련하여 구성원의 의견과 최적의 해결책을 끌어내어 제시하는 사람이다(네이버 지식백과). 유사어로서는 갈등조정자, 모더레이터(moderator)가 있으며 의뢰받은 주제에 대해 정보를 제공하는 컨설턴트보다 훨씬 더 능동적이고 민간 영역에 국한하지 않고 공공 영역에서도 활동한다는 점에서 활동 범위가 넓다. 이 책에서는 촉진자라는 번역어보다 (국내에서도 흔히 쓰는 용어이기 때문에) 별도의 번역 없이 퍼실리테이터라고 표기한다. (역주)

미우라가 J월드에 참여하기까지

이야기는 미우라가 교토(京都)에서 학창 시절을 보낸 시기까지 거슬러 올라갑니다. 당시 미우라에게 큰 영향을 준 것은 도쿄에 사는 할머니와 교토에 사는 어머니였습니다. 할머니는 메이지 시대*에 태어났지만 활동적으로 일하는 신여성이었고, 어머니는 여성은 고학력일 필요 없이 빨리 결혼하는 것이 중요하다고 생각하는 사람이었습니다.

두 분의 대조적인 사고방식에 영향을 받은 미우라는 어머니의 조언을 따라 고등학교 졸업 후 곧바로 취직하고 22살에 결혼하면서 회사를 그만두었습니다. 그런데 결혼과 동시에 남편의 일 때문에 미국으로 가게 되었습니다. 처음에는 향수병에 괴로워했지만 서서히 미국 생활에 적응했습니다.

미우라는 미국 생활에서 몇 번의 문화 충격을 받았습니다. 미국에서는 사회적 지위와 관계없이(예를 들어 슈퍼마켓의 모르는 사람과의 대화에서도) 정치에 관심 있는 사람들이 많았는데, 미우라 자신도 잘 모르는 일본 정치까지 관심을 가진 사람도 많았습니다. 교토밖에 몰랐던 미우라는 스스로 우물 안의 개구리처럼 느껴져서 좀 더 공부하고 싶어졌습니다.

미국의 커뮤니티 칼리지는 주에서 운영하는, 일본으로 말하면 전

---

*메이지(明治) 시대는 1868-1912년까지이다. (역주)

문대학입니다. 주의 주민이면 저렴하게 학비 혜택을 받을 수 있고, 다양한 사람들에게 개방되어 있습니다. 미우라도 여기에 입학하여 여러 나라 사람들과 교류하면서 정말 공부가 재미있다고 느꼈습니다.

고교 시절의 많은 친구와 달리 미우라는 대학 진학을 포기했지만, 마음속으로는 대학에 가서 자신의 길을 찾고 싶었습니다. 그래서 더욱더 누구나 자신의 미래에 희망을 가지도록 열려 있는 미국 교육 시스템에 매료되었습니다. 커뮤니티 칼리지에서의 배움은 아메리칸드림 그 자체였습니다.

그런데 아쉽게도 남편이 현지법인 일을 그만두면서 체류 비자도 종료되어 귀국하게 되었습니다. 그 후 일본 경제가 어려워지면서 남편이 다시 미국으로 갈 기회는 없어졌습니다. 그렇게 미국에 다시 갈 기회가 없어져 괴로웠는데 마침 미국의 네트워크 비즈니스*를 알게 되었습니다.

미우라에게는 이 네트워크 비즈니스의 판매 방식이 아메리칸드림처럼 느껴졌습니다. 독자적인 노하우를 가진 네트워크 비즈니스를 통해 학력이 부족해도 누구나 노력하면 성공하여 아메리칸드림을 이룰 수 있다고 들었기 때문입니다. 미국에 대한 동경이 여전히 남아 있던 미우라는 이 방식대로 열심히 노력해서 많은 지인을 모으면서 조금씩 궤도에 오르게 되었습니다. 언제부터인가 남편까지 이 비즈니스에 동참하여 오직 성공을 위해 집, 생활, 자녀, 가족에 들여야 할

---

*네트워크 비즈니스는 다단계 판매 사업을 의미한다. (역주)

시간까지 희생하게 되었습니다.

이 생활은 오래가지 않았습니다. 미우라가 만든 그룹의 회원 수가 줄어들었고 지인들도 점점 미우라 곁을 떠났습니다. 하지만 미우라는 열심히 네트워크 비즈니스에서 개최하는 세미나에 참가했습니다. 그곳의 참가자는 열의가 높았으며 미우라에게 스스로 적극적으로 노력하면 성공할 수 있다고 말해주었기 때문입니다.

그러나 현실에서는 빚이 늘며 높은 집세를 감당하기 어려웠고 부부의 대화도 줄어들었습니다. 성공하기 위해 애쓰며 모든 노력을 다한 미우라였지만 어느 날 한계에 이르렀습니다. 머릿속에서 탁 하고 무언가 끊어지는 소리가 났습니다. '아, 나는 안 되는구나'라고 생각한 것입니다. 이렇게 열심히 했는데도 성공하지 못하는 자신을 깨닫고 망연자실했습니다. 그로부터 6개월간의 생활은 지금까지도 잊고 싶은 기억뿐입니다.

최악의 상황이 이어졌습니다. 생계를 잇지 못하는 상황에서 미우라는 물품 구매 의존증이 심해졌습니다. 부부간의 대화도 사라져 남편도 미우라의 말을 들어주지 않았고, 현실도피를 하면서 서로를 탓하고 현실과 마주하지 못하게 되었습니다. 미우라는 이대로라면 자식을 키울 수조차 없다며 비관했습니다.

어느 날 극적인 기회가 찾아왔습니다. 미우라 곁에 남아 있던 얼마 되지 않은 지인으로부터 교회를 소개받았는데, (지금의 유스페이스가 있는 장소이기도 한) 그 교회에서 개최하는 대화 모임에 참여하게 된 것입니다. 교회에서 운영하지만 신자가 아니어도 누구나 참여할 수 있었습니다. 이미 자신은 자식을 키울 수 없는 상태라고 생각하던 미우라는 교회가 운영하는 곳이라면 아이들에게 좋은 영향을 줄 것으로 기대하며 아이들과 함께 참여했습니다.

미우라는 그곳에서 마음을 터놓고 자기 이야기를 하게 되었습니다. 모임을 운영하는 목사님이 "고민할 때야말로 사람을 위하는 일을 할 수 있습니다. 당신의 실패에 관해 이야기해 보세요"라고 말해 주었기 때문입니다. 애초부터 미우라는 행복을 위해 성공하고 싶었고 그래서 열심히 살아온 것뿐입니다.

미우라는 '나는 패배한 낙오자'라는 생각 때문에 사람들 앞에 서기 힘들었지만 "아무리 실패해도 당신은 고귀한 존재"라는 말을 듣고, 그것을 받아들이는 과정에서 마음이 조금씩 회복되었습니다. 이때까지는 모든 실패를 남편 탓으로 돌렸지만, 결국 자신에게도 원인이 있었다는 것을 인정하게 되었습니다. 무엇보다 학력에 대한 자격지심과 자기부정 상태를 자각하고, 이를 스스로 긍정적으로 극복하려고 노력했습니다.

누구도 공격하지 않고 누구도 억지로 가르치려 하지 않고 열린 마음으로 받아주는 분위기 속에서 뛰어난 성공이나 높은 학력이 없어도 사람은 충분히 가치 있는 존재라는 것을 깨닫게 되었습니다. 바로 이 사고방식이 "당신은 가치 있는 존재! 한 사람 한 사람이 다르기 때문에 훌륭한 것이다!"라는 J월드의 철학으로 자연스럽게 이어졌습니다. 그렇게 미우라는 지역의 어린이 환경을 지키는 일을 하게 되었습니다.

J월드가 만들어지기까지

J월드가 만든 놀이 공간은 지원자와 피지원자를 구분하지 않습니다. 그곳에 모인 모두가 가치 있는 존재이기 때문입니다. 1995년부터 육아 세미나와 율동을 가르쳤고, 2000년 '어린이 환경을 지키는 모임'을 만들었으며, 2006년 유스페이스 활동을 시작하여 2008년 비영리법인까지 설립했습니다. 어린이와 어른이 함께 즐기는 진정한 놀이 공간이 생긴 것입니다.

그런 유스페이스에도 큰 시련이 있었습니다. 유스페이스에 중학생이 모이기 시작할 무렵, 문제행동을 하는 중학생 A군이 오게 되었습니다. 그러자 다른 중학생들이 "A군은 거짓말쟁이. 친구 물건을 훔쳐요. A군이 온다면 여기에 오지 않을래요. A군을 이곳에 오지 못하게 해주세요"라고 항의했습니다. 유스페이스는 A군을 선택할지 다른 아이들을 선택할지 갈림길에 서게 되었습니다.

A군에게 사정을 들어보니 "죽여"라는 소리가 머릿속에서 들린다고 하면서, 그 소리를 따르다 보니 공원에 있는 동물까지 죽이게 되었다고 했습니다. 또한 A군에게는 허언증도 있었습니다. 하지만 J월드 직원들은 A군을 저버리지 않았습니다. 개방적인 놀이 공간이니 오고 싶은 사람은 언제나 올 수 있기 때문입니다. 그러자 점점 다른 학생들이 유스페이스에 오지 않게 되었습니다.

반면, A군은 유스페이스가 정말로 마음에 들었는지 함께 저녁도 자주 먹었습니다. J월드는 어린이 식당을 운영하면서 지역에 값싸게

음식을 제공하고 식사할 때 편하게 다른 사람들과 대화할 수 있도록 하는데, 어느 날은 A군이 카레라이스 10접시를 먹은 적도 있었습니다. A군은 "유스페이스에 있으면 '죽여'라는 소리가 들리지 않아요"라고 말했습니다.

그 후 고등학생이 된 A군은 B군을 시작으로 학교 친구들을 유스페이스에 많이 데려왔습니다. B군도 주위에서 불량스러운 골칫덩어리 학생으로 보는 분위기였습니다. B군 외에 A군이 데려온 많은 친구가 그런 분위기였고, 때로는 유스페이스 근처에서 무리 지어 담배를 피우기도 했습니다.

점점 "유스페이스에는 무서운 사람들이 있으니 가까이 가면 위험하다"라는 소문이 퍼졌습니다. 그래도 유스페이스 직원들은 계속 장소를 개방했습니다. 목사님은 J월드 직원뿐만 아니라 교회 직원들에게도 "목숨 걸고라도 그들을 계속 받아주기를 바랍니다. 그들을 받아줄 곳은 이곳밖에 없어요"라고 호소했습니다.

고등학교 진학이 어려웠던 수준의 B군은 무사히 졸업하고 전문학교에서 요양학을 공부하여 요양복지사가 되었습니다. B군이 그 직업을 택한 이유는 유스페이스에 어린이뿐만 아니라 노인 등 다양한 세대가 있었기 때문입니다. 한부모 가정에서 자란 B군은 다양한 세대와 교류하면서 가정의 소중함을 좀 더 깊게 느끼고, 자신의 존재도 더 소중히 여기게 되었습니다. 그래서 노인들에게 도움 되고 싶다고 생각하게 된 것입니다. B군의 진로 선택을 기뻐한 J월드 직원들은 이 소식을 B군의 고등학교 은사들에게도 알렸습니다. 그러나 B

군의 불량한 학창 시절을 기억하는 그들은 어느 누구도 B군을 만나려 하지 않았습니다.

지역에 제3의 장소를 만드는 방법

누구나 마음 편히 찾아올 수 있는 유스페이스는 정말 지역의 제3의 장소인 것 같습니다. 어떻게 하면 지역에 그런 제3의 장소를 만들 수 있을까요.

J월드 사례에 그 답이 있습니다. J월드의 운영 원칙은 '누구나 있는 그대로 가치 있다'는 것입니다. 그 외에 성공이나 학력 같은 조건을 붙이지 않습니다. 그러므로 지역의 제3의 장소로서 누구도 배제하지 않습니다. 오고 싶은 사람은 누구나 올 수 있습니다.

그리고 지원자와 피지원자를 구분하지 않습니다. 모두 각자의 실패와 성공 경험을 공유하고 서로 배우고 자신이 힘들어하는 것을 대화하며 치유되는 과정을 경험합니다. 또한 여러 전문 기관과도 연대합니다. 이런 특징으로 누구나 함께 즐길 수 있는 장소가 된 것입니다.

시즈오카 지역의 제3의 장소와 만남

다음으로 시즈오카 지역의 제3의 장소 사례를 소개하겠습니다. 시즈오카에는 다양한 제3의 장소가 있습니다. 이런 장소를 알게 된 것은 시즈오카 위성캠퍼스 학생이었던 시바타 히로미(柴田弘美) 덕분입니다.

개인사업자인 시바타는 시즈오카 위성캠퍼스에서 대학원생으로 공부하면서 지역에서 여러 활동을 하고 있습니다. 시바타는 퍼실리테이터라는 개념조차 잘 몰랐지만 이미 그런 일을 하는 지역 활동가를 많이 알고 있었습니다.

시바타가 퍼실리테이터의 개념을 배우면서 그 역할에 딱 맞는다고 떠올린 사람은 구로다 아쓰마사(黑田淳將)입니다. 그즈음에 시즈오카 방송사인 SBS TV의 마키노 가쓰히코(牧野克彦) 아나운서도 퍼실리테이터에 관심을 갖고 취재하고 있었는데 마키노는 시바타의 소개로 구로다를 알게 되어 구로다는 퍼실리테이터 특집 프로그램에 출연하게 되었습니다. 또한 시바타가 기획한 퍼실리테이터 관련 워크숍도 그 프로그램에 소개되었습니다. 저는 시바타가 기획한 워크숍에 강사로 참가하면서 구로다와 알게 되었습니다.

구로다가 제3의 장소를 만든 이유

퍼실리테이터 특집 프로그램은 2017년 황금연휴인 5월 초에 방영되었습니다.* 방송은 부동산 회사 점장, 와인 바의 메인 바텐더, 구사나기 마르쉐(草薙マルシェ)** 실행위원장, 시즈오카 칸느 위크 마

---

* 牧野克彦 블로그(https://www.at-s.com/blogs/mackey/2017/05/post_419.html)
** 우리나라의 장터와도 비슷한 개념인데 일본에서는 농부 시장을 마르쉐라고 표현한다. (역주)

마르쉐에서 시민과 이야기하는 구로다

르쉐 총괄 등 구로다의 명함 5개를 소개했습니다. 이런 다양한 직책이 서로 시너지를 준다고 언급했는데, 예를 들어 구로다는 부동산 회사 점장으로서 전국 1, 2위의 실적을 낸다고 합니다.

퍼실리테이터 연구자로서 저는 구로다의 활약상이 매우 흥미로웠습니다. 그가 활동하는 구사나기 마르쉐나 시즈오카 칸느 위크도 목적성이 있으므로 지역의 제3의 장소입니다. 그렇다면, 왜 구로다는 지역의 제3의 장소를 만들게 되었을까요? 그 이유를 물어보았습니다.

학창 시절 구로다의 집은 사정이 어려웠습니다. 수도권 국립대학에 충분히 갈 수 있는 실력이었지만 등록금 마련이 어려워 시즈오카 지역의 대학에 진학했습니다. 대학에 들어가서도 아르바이트를 많이

로컬의 발견

하면서 스스로 성장했고 제3의 장소에서도 활동하게 되었습니다.

특히 열심히 했던 아르바이트는 수학 학원 강사와 바텐더인데 이 두 곳에서 인생의 멘토를 만났습니다. 학원 강사를 통해 일의 기본을 배웠고, 교사라는 직업에 매력을 느껴 교직 과목도 이수했습니다.

바텐더 아르바이트를 하면서 만난 멘토는 시즈오카에서 전설의 바텐더로 유명한 분이었습니다. 학원 강사가 학생들을 마주하는 것처럼 바텐더는 손님과 마주해야 합니다. 그러나 마주하는 방법을 누가 정해진 매뉴얼대로 알려주지는 않습니다. 몸으로 터득해야 하는 과정이니까요.

멘토는 구로다에게 진토닉이야말로 그 바의 특징을 대표하는 것이라며 시즈오카 시내의 모든 바에 가서 진토닉을 마시고 오라고 권유했습니다. 구로다는 그렇게 해보면서 바마다 다른 진토닉 고유의 미세한 뉘앙스 차이를 파악하게 되었습니다.

그다음에 멘토는 시즈오카 시내의 어느 빌딩 최고층에 있는 바에 가서 2주간 수련하고 오라고 했습니다. 능숙하게 칵테일을 만들 수 있는 상태는 아니었기 때문에 수련 과정은 매우 힘들었습니다. 어떤 손님은 마시지 못하겠다고 말하기도 했으니까요.

이처럼 힘든 과정을 통해 구로다는 바텐더로 성장했습니다. 바텐더가 손님에게 제대로 응대하려면 손님의 눈높이를 파악하고, 손님의 시선을 고려하며 얼음과 재료를 섞는 셰이킹 기술을 잘 구사할 수 있어야 합니다. 이 모든 과정을 실제로 눈으로 보고 연습하며 기억해야 합니다.

이렇게 학원 강사와 바텐더 아르바이트 그리고 두 명의 멘토와 교류하면서 구로다는 자연스럽게 사람들의 교류 장소에 관한 관심이 커졌습니다.

대학 졸업 후 구로다는 시즈오카의 금융기관에 취직했습니다. 가정 형편이 어려워 안정적인 직장이 필요했기 때문입니다. 그러나 직장 생활만으로 만족할 수 없었던 그는 주말에 300평의 밭을 빌려 농업 창업을 시도하기도 했습니다. 물론 단번에 성공하지는 못했습니다. 그렇게 앞날이 보이지 않는다고 생각하던 차에 학창 시절 친구들과 예비 창업자 커뮤니티를 만들게 되었습니다.

구로다가 20대 초반이던 2011년에 동일본 대지진이 발생했습니다. 재난 이후 사회의식도 변화하여 시즈오카에서도 사회적 목적 구현을 위한 커뮤니티들이 만들어졌습니다. 구로다가 속한 커뮤니티도 그들과 연대하면서 '프로젝트 난립형 조직'이라는 독자적 특징을 형성해갔습니다. 이는 '일단 하고 싶은 일을 해보자'는 성격의 커뮤니티입니다. 개인이 선뜻 "하고 싶다"라고 말하기는 어렵지만, 누군가 "내가 하고 싶은 게 있으니 같이 하고 싶은 사람 여기 모여라"라고 하면 자발적으로 사람들이 모일 수도 있습니다. 예를 들어 맥주 애호가가 수제맥주 가게를 만들고 싶다고 제안하면 그 프로젝트에 사람들이 동참하는 방식입니다.

구로다는 시즈오카에 같은 의지를 가진 청년들이 부담 없이 모일 만한 장소를 만들고 싶어서 시즈오카역 근처의 아오이쿠(葵区) 빌딩에 있는 가라오케를 하루씩만 빌려 바 'Will'을 만들었습니다. Will

히토토나리 술집

은 큰 인기를 끌었지만 얼마 후에 문을 닫게 되었습니다. 그러자 다른 빌딩의 공간을 빌려 금요일과 토요일만 여는 와인 바를 시작했습니다.

구로다는 이런 활동을 통해 알게 된 사람들의 도움으로 부동산 회사에 취직하여 마을 만들기와 같은 한층 더 다채로운 활동을 펼쳐 갑니다. 지금은 히토토나리 술집* 만들기를 시도하고 있습니다. 히토토나리는 시즈오카의 재미있는 사람을 게스트로 초대해 이야기를 듣고 난 후에 술을 마시며 즐기는 이벤트로서 지역의 제3의 장소라고 부를 수 있습니다.

---

*히토토나리 술집(ヒトトナリ酒場, https://www.shizuoka-orchestra.com/cat-so/hitotonari)

제3의 장소 만들기의 핵심 가치

구사나기 마르쉐, 시즈오카 칸느 위크, 바 Will과 주말 한정 와인 바, 히토토나리 술집 등 목적이 있고 자유롭게 드나들며 교류하는 곳들은 모두 지역의 제3의 장소입니다. 프로젝트 난립형 조직으로서 '하고 싶은 일을 하자'는 목적형 커뮤니티는 제1장에 소개했듯이 개인의 미시담론을 중심으로 지역에 공헌하는 역할도 합니다.

구로다는 그 핵심 가치를 바텐더 일을 하면서 깨달았습니다. 바텐더는 기본적으로 손님이 원하는 것을 파악하고, 칵테일을 건넸을 때 손님의 반응을 보며 그에 따라 반응합니다. 손님이 원하는 것을 먼저 정확하게 파악하기는 어렵지만, 어느 정도는 정형화되어 있어서 파악할 수 있는 부분도 있습니다. 손님은 술을 마시러 왔지만, 꼭 술만 마시러 온 것은 아닙니다. 때로는 바텐더가 자신을 나무라거나 칭찬해주기를 바랍니다. 이 모든 요구를 파악하면서 순발력 있게 대하는 것이 바텐더의 역할입니다.

커뮤니티도 오는 사람들의 목적은 저마다 다릅니다. 자발적으로 오니 자유롭게 즐기면 좋겠지만, 어느 정도는 사람들이 원하는 것을 파악하려고 노력하면서 프로그램을 만들면 더 효과가 좋겠지요.

시즈오카의 제3의 장소

시즈오카에는 이 외에도 다양한 제3의 장소가 있습니다. 예를 들

D랩

D랩에 모인 사람들

어 구로다를 소개해준 시바타 히로미는 후지에다시(藤枝市)에 육아를 병행하는 워킹우먼을 위한 제3의 장소 'D랩'을 만들었습니다.

17년간 전업주부였던 시바타는 딸의 발레복을 검색하다가 우연히 외국 사이트에서 발레복을 구매한 경험을 계기로 온라인 발레복 판매 서비스를 시작했습니다. 이런 경력을 바탕으로 오랫동안 여성 창업을 지원하게 되었습니다. 여성창업칼리지 강사 경험을 바탕으로 후지에다역 가까이에 공유 공간, 대여 공간 D랩을 마련하여 지역 여성들이 부담 없이 모여 일과 육아 고민을 공유하는 장소로 제공하고 있습니다.

또한 시즈오카현립대학에는 고쿠보 아키코(国保様子) 선생의 지도 학생을 주축으로 개설된 고쿠라보 퓨처센터가 있습니다.* 학생들이 운영하는 이 센터는 지역 현안에 대해 의논하는 곳입니다. 학생 외 직장인도 참여할 수 있어서 대학 안에 있지만 지역의 제3의 장소 역할을 합니다.

2018년 우리 연구팀은 이곳에서 하계 연수를 했습니다. 사전 준비, 당일 연수 프로그램 등을 모두 시즈오카현립대학 학생들이 준비해주었는데, 그 성실함과 훌륭함에 감동하여 더 기분 좋게 의견을 나눌 수 있었습니다. 그런 모습에서 학생과 직장인의 차이는 전혀 느껴지지 않았습니다.

저는 2017년 10월 25일 시즈오카시청에서 진행하는 직원 대상의

---

*고쿠라보 퓨처센터(KOKURABO future center, https://kokulabo.com/futurecenter)

고쿠라보 퓨처센터

고쿠라보 퓨처센터 연수 프로그램의 토론 장면

시즈오카 수평 경력의 밤

수평 경력 연수회에 강사로 참여했습니다. 그때 알게 된 시청 직원이 아마노 히로후미(天野浩史)를 소개해주었습니다. 아마노는 고쿠라보 퓨처센터뿐만 아니라 시즈오카 지역의 퓨처센터를 지원하는 비영리법인 시즈오카퓨처센터·서포터네트워크 ESUNE 대표입니다.[*] ESUNE는 '시즈오카 수평 경력의 밤'을 기획하여 수평 경력을 실천하고 싶은 사람들이 모이는 장소를 만들어 2018년 10월부터 제공하고 있습니다. 이곳 역시 지역의 제3의 장소이지요.

시즈오카 수평 경력의 밤은 모임뿐 아니라 실천 활동도 합니다. ESUNE를 주축으로 수평 경력을 실천할 수 있는 지역 프로젝트 참

---

[*] 2013년 설립된 ESUNE에 대해서는 https://www.esune-social.jp 참조. (역주)

코토코토 멤버(코토세프) 기획 회의

가 프로그램 '코토코토'가 시작되었습니다. 1차 코토코토 프로젝트
는 2019년 개원 50년을 맞은 시즈오카 시립 니혼다이라동물원에서
고령자와 정년을 앞둔 부부들이 건강 가치를 중심으로 새로운 체험
을 하는 프로그램 기획이었습니다. 일반적으로 동물원에는 가족과
함께 가는 것이라고 생각하지만 고령자도 이용할 수 있는 동물원 프
로그램을 새로 기획한 것입니다.

　이 프로젝트에 물리치료사, 지역단체 활동가, 대학생, 요양사 등
다양한 경력의 사람들이 참여했습니다. 그 결과 2019년 3월 9일에
'쥬리하비리(동물원 물리치료, ズーリハビリ)'를 개최했습니다. 쥬리하
비리는 동물원과 요양의 만남이라는 새로운 콘셉트의 참신한 기획
입니다.

동물원에서 진행한 고령자 신체 단련 프로그램

쥬리하비리는 동물원 실내외에서 신체 기능을 강화하는 프로그램인데 이곳을 방문한 고령자들은 동물과의 만남을 즐거워했습니다. 3개월의 짧은 기간을 준비한 프로그램이었지만 멤버들은 오히려 '단기간 집중했기 때문에 해낼 수 있었다', '내 직업에 어떻게 응용할 수 있을지 생각하는 계기가 되었다', '서로 다른 직업을 가진 사람들끼리 협업했기 때문에 의미 있었다'고 평가했습니다. 지역의 제3의 장소가 지역에 공헌할 수 있다는 것을 보여주는 좋은 사례입니다. 앞으로 더욱더 일본 전국에 풀뿌리 운동으로서 지역의 제3의 장소가 증가할 것 같습니다.

제3장

고향과 연결 /
리틀 무나카타

기타가와 가스즈미

(北川佳寿美)

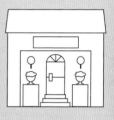

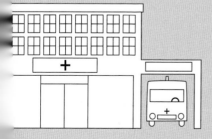

제3장에서는 고향에서 멀리 떨어져 살면서도 고향과 연결될 수 있는 사례를 소개합니다. 대학 진학과 취직을 위해 고향을 떠나면 이따금 고향 생각이 나더라도 명절이 아니면 잘 연락하지 않게 되지요. 제3장에서 소개하는 리틀 무나카타는 도쿄의 무나카타 출신이거나, 무나카타와 인연이 있거나, 무나카타에 관심 있는 사람 등이 연결되는 커뮤니티입니다.

떠나봐야 비로소 깨닫게 되는 고향의 장점

제가 고향인 후쿠오카 무나카타에서 도쿄로 상경한 것은 직장인 8년 차 때였습니다. 무나카타는 후쿠오카시와 기타규슈시 중간에 있으며 오래전에는 무역으로 번창했던, 산과 바다로 둘러싸인 고즈넉한 지역입니다. 이러한 지리적 장점 때문에 1960년대부터 적극적으로 주택단지 개발이 이루어져 인구가 급증한 베드타운이기도 합니다.

단카이(団塊) 주니어 세대*인 제가 유년 시절을 보낸 히노사토는 언덕을 평탄하게 만들어 주택지구로 조성한 지역인데, 제가 초등학생이던 때만 해도 그곳엔 초등학교가 하나뿐이었지만, 이후에는 인구가 급증하면서 학교가 늘었습니다. 그러나 지금은 전체 인구는 유지하고 있어도 청년층의 도시 유출과 주택단지 노후화 문제가 심각합니다.

저는 유년 시절 추억이 있는 무나카타를 떠날 때 슬픔보다는 도시 생활에 대한 기대감과 설렘을 더 크게 느꼈습니다. TV를 보면서 도시 생활을 동경해왔으니까요. 그런 마음으로 정착한 도쿄 생활은 즐거웠지만 친구들 대부분은 여전히 후쿠오카에 있었습니다. 도쿄에서도 친구를 사귀었지만 유년 시절의 우정만큼 깊게 마음을 나눌 수는 없었습니다. 그래서 휴가 때 고향에서 친구들을 만나는 것이 유일한 위로가 되고는 했습니다.

고향 친구들과 시간을 보내며 에너지를 충전하고 다시 도쿄에서 생활하는 사이클을 반복하며 지냈는데, 그런 제게 도쿄 출신 회사

---

*단카이는 '뭉치', '덩어리'를 뜻하는 말이다. 일본의 단카이 세대는 1947-1949년생으로서 이 시기는 일본의 1차 베이비붐 시대였다. 단카이 주니어 세대는 그들의 자녀들로서 1970-1974년생을 지칭하며 이 시기는 2차 베이비붐 시대라고 평가된다. (역주)

세계문화유산 가미야도루섬 무나카타·오키노섬과 관련 유산 전경

동료는 "돌아갈 고향이 있으니 부럽네, 부러워"라고 말하고는 했습니다. 그 말을 들으면서 저는 '고향'이라는 존재를 새롭게 인식하기 시작했습니다. 고향의 제 친구들은 그곳에서 진학하고 취직했기 때문에 '고향'이라는 자각은 없었지만, 저는 고향을 떠나고 오히려 고향에 관심이 생기면서 그곳의 장점을 새삼스레 깨닫게 되었습니다. 먹거리도 맛있고 살기 좋고 마음 나눌 친구도 많은 좋은 곳이라 여기게 된 것입니다.

무나카타는 도시처럼 화려하지 않지만 바다와 산으로 둘러싸인 자연의 풍요로움이 있고, 후쿠오카 중심지인 하카타와 텐진에 전철로 1시간밖에 걸리지 않는 데 있습니다. 그렇다 해도 명절 이외는 고향에 연결될 일은 별로 없었습니다. 지역에 관여하려면 그 지역에 살

로컬의 발견

무나카타 다이샤키쓰미야(오키노섬)

아야만 한다고 생각했기 때문입니다. 도쿄에서 무나카타 출신 동창생과 모여서 추억을 나누며 '떨어져 살면 비로소 보이는 고향의 장점'에 관해 이야기하는 정도였습니다. 그즈음 고향에 있는 오키노섬(沖ノ島)이 유네스코 세계문화유산에 등록되었다는 뉴스를 보았습니다.

무나카타의 세계문화유산

무나카타 북부에는 오섬(大島), 지노섬(地島), 오키노섬이 있습니다. 오키노섬은 규슈와 한반도를 연결하는 거의 중앙에 있는데 4세기 후반부터 9세기 말까지 이어온, 운항 안전을 기원하던 고대 제사 유적이 있고, 그곳에서 출토된 유물 8만 점은 국보로 지정되어 있습니다. 섬 자체가 신성한 신앙의 대상이어서 지금도 일반인은 출입할 수 없으며, 천 년 이상 사람의 손이 닿지 않은 천연 상태로 유적이 보존되고 있습니다. 고대 동아시아의 활발했던 교류, 유적 보존 등이 평가받아 2017년에 오키노섬 및 관련 유산 군이 세계문화유산에 등록된 것입니다.

오키노섬이 세계문화유산에 등록되었다는 뉴스를 듣고 수도권에 있는 많은 무나카타 출신자들이 흥분했습니다. 오키노섬과 함께 세계문화유산에 등록된 장소는 무나카타의 많은 초·중학생들이 소풍하러 가던 곳이기도 합니다. 늘 놀던 장소가 세계적으로 인정받는 장소가 된 것은 대단한 것입니다. 고향에서 멀리 떨어져 있는 수도권의 무나카타 출신자들이 자랑스러워할 만한 빅뉴스인 것입니다.

리틀 무나카타의 탄생

저는 도쿄에 있는 친구들에게 이 소식을 자랑하고 싶었지만 실제로 행동에 옮기지는 못했습니다. 그러다가 "도쿄에서 무나카타 출신자들이 모여 지역 부흥 이벤트를 하고 싶다"라고 말하는 구마 게이스케(久間敬介)와 다니구치 료헤이(谷口竜平)를 만났습니다. 구마는 도쿄에 사는 회사원으로 30년 된 제 초등학교 동창이고, 다니구치는 무나카타에 사는 디자이너로 2017년에 지인 소개로 구마와 함께 만난 친구입니다.

이 두 사람이 하려는 이벤트는 거창하지 않고 그저 부담 없이 '서로의 친구와 지인이 도쿄에서 모이면 재미있겠다'는 생각에서 비롯한 작은 시도였습니다. 무나카타의 유네스코 세계문화유산 등록이 전국에 알려졌으니 (해외의 각국 이민자를 '리틀 ○○'라고 부르는 것처럼) 이 모임을 '리틀 무나카타'로 부르기로 하고 친구들을 모았습니다.

구마는 이전부터 도쿄 거주 후쿠오카 출신 모임인 리틀 후쿠오카에도 참가하고 있었습니다. 그 모임의 대표인 시모지 에이치(下地永一)에게 부탁해서 리틀 무나카타 모임도 추진했는데 우연이긴 하지만 시모지 대표도 무나카타 출신이었습니다.

무나카타에서 일하고 있는 다니구치는 알고 지낸 무나카타시청 직원에게 리틀 무나카타 모임에 관해 상담하여 도쿄에 파견된 무나카타시 직원을 소개받았습니다. 세계문화유산 등록이 이루어진 시점에 도쿄에서 무나카타를 응원하는 모임이 진행된다고 하니 행정기관도 반가워하며 적극적인 지원을 약속했습니다. 모임 당일 식사 준비는 무나카타 관광협회가 지원했습니다. 이렇게 많은 사람을 연결하며 모임을 진행했습니다.

2017년 11월 SNS에 리틀 무나카타 그룹을 개설하고 이벤트 참여를 독려했습니다. 그리고 2018년 2월 22일 시모지가 대표로 있는 시부야의 그린라운지에서 제1회 리틀 무나카타 모임을 개최했습니다.

모임에는 무려 87명이 참가했는데 그중에는 무나카타시 부시장, 관광협회 회장, 등록세계문화유산 관계자, 도쿄 후쿠오카회 회장까지 모여 연령과 세대를 초월한 동창회가 되었습니다. 회의장에 오키

제1회 리틀 무나카타 모임

노섬 영상을 틀었고 사람들은 무나카타 관광협회로부터 제공받은 그리운 고향 음식을 먹으며 고향 이야기를 나누었습니다.

가벼운 마음으로 세 사람이 시작한 모임에 전혀 예상하지 못한 많은 사람이 모였습니다. 이 모임에서 고향 친구와 재회한 사람, 생각지도 못한 고향 지인과 만난 사람도 많습니다. 저도 그 자리에서 중학교 동창과 만나 이후 지역 활동을 함께 도모할 수 있었습니다. 장소를 제공했던 시모지는 모임 후에도 SNS에 무나카타 사진을 올리고, 무나카타를 무대로 한 드라마 소개 등으로 고향과 도쿄 거주자들을 연결하는 활동을 하고 있습니다.

2018년 가을에 제2회 리틀 무나카타 모임을 개최했습니다. 평소에는 SNS를 중심으로 리틀 무나카타에 참여하던 동료들이 무나카

옛날이야기를 나누는 리틀 무나카타 모임 참가자들

타 관련 정보와 지역 활동을 소개하며 유연하게 활동하고 있습니다. SNS를 통해 이제까지 알지 못했던 고향 소식에 관심 가지는 기회가 늘었고, SNS로 응원하면서 간접적으로나마 고향 활동에 함께하게 된 것입니다.

리틀 무나카타는 고향에서 멀리 떨어져 수도권에 거주하고 있지만, 고향을 생각하는 동료들과 연결되어 지역과 관계 맺은 사례입니다. 이 모임을 통해 수도권 거주 지역 출신자와 지역 사람들이 연결되는 하나의 계기가 만들어졌습니다. 그렇게 가끔 만나더라도 유연하게 고향과 연결되는 것이 중요합니다.

리틀 무나카타 멤버들의 고향과의 연결 방법

유연하게 고향과 연결되는 리틀 무나카타에 참여하는 사람들은 전문적인 마을 만들기나 지역 활성화 활동가라기보다는 다른 본업들을 갖고 있습니다. 본업을 하면서 리틀 무나카타라는 작은 계기를 통해 점차 수평 경력으로서 마을 만들기와 지역 활성화에 참여하게 된 것입니다.

구마 게이스케

정부 계열 금융기관에 근무하는 구마는 대학 졸업 후 취직을 위해 무나카타를 떠나 상경했습니다. 2010년 규슈 지점에 기획조사과장으로 전근하여 온 후 많은 지방창생업무를 하면서 마을 만들기와 지방 활성화에 관심을 갖게 되었다고 합니다. 규슈 지점에서 3년간 근무하면서 규슈 각지의 행정기관과 기업, 개인과 만나 마을 만들기와 지역 활성화 지원 활동을 했습니다.

구마는 원래 여행을 좋아해서 지역 관련 일을 하는 것이 즐거웠다고 합니다. 규슈 근무 후 다시 도쿄 본점으로 돌아왔지만 수년 후 우연히 지역기획부로 옮기게 되었습니다. 전국 규모로 지역 관련 일을 하면서 다시 고향 사람과 인연도 늘고, 개인적으로도 마을 만들기와 지역 활성화에 관한 조언을 얻는 기회가 늘었습니다.

활달한 구마답게 유급휴가를 받아서 규슈 프로 축구팀의 홈스타

기타규슈 홈스타디움과 구마

나가사키 이키에 체류하고 있는 구마

디움 설립, 낙도 지원 등 지역 관련 활동을 더욱 활발하게 해나갔습
니다. 결국 규슈 지점으로의 전근이 구마의 인생을 바꾸는 하나의
계기가 된 것입니다.

제1회 리틀 무나카타에서 접수 업무를 하는 나카무라(왼쪽)

나카무라 마사시(中村昌史)

나카무라는 '가족' 테마의 도서와 상품 기획을 하는 회사의 대표입니다. 도쿄에서 개최된 어떤 학습회에서 우연히 무나카타 출신의 구마를 만난 일을 계기로 리틀 무나카타 간사팀에 합류했습니다.

중고교 시절의 나카무라는 유명한 반항아였습니다. 그래서 부모 얼굴을 보고 싶지 않다고 필사적으로 반항하며 고향을 떠나 도쿄로 진학했습니다. 그러나 혼자 힘든 타향살이를 하면서 가족의 소중함을 깨닫게 되었습니다.

중학생 때부터 독립심이 강했던 나카무라는 대학에 다니면서도 수업 이외에 경영 관련 학습회에도 적극적으로 참가하며 독립 방법을 모색했습니다. 많은 동창생이 기업에 취직했지만 나카무라는 인

취재 중인 나카무라(왼쪽)

생을 걸고 창업을 결심했습니다. 우선 타향살이하면서 깨달은 가족의 고마움 때문에 가족을 테마로 창업했습니다.

현재 나카무라의 회사가 제공하는 가족 이야기를 책으로 만드는 서비스는 무나카타시의 고향납세* 답례품으로도 제공되고 있

나카무라가 만든 『가족의 책』

*일본은 2008년부터 자신의 거주지 외 지역에 기부하면 세액공제를 해주고, 기부받은 지역에서는 기부자에게 답례품을 보내는 고향납세제도를 시행하고 있다. 우리나라는 이와 유사한 고향사랑기부금제도를 2023년 1월 1일부터 시행할 예정이다. 고향납세에 대한 자세한 내용은 윤정구·조희정 역. 2021. 『시골의 진화: 고향납세의 기적, 가미시호로 이야기』. 서울: 더가능연구소. 참조.

습니다. 나카무라가 지역에 관여하게 된 계기는 가족을 테마로 사
회적으로 의미 있는 일을 하고 싶었기 때문입니다. 떨어져 살다 보니
비로소 알게 된 가족의 고마움이 결과적으로 지역에 공헌하고 싶다
는 생각으로 이어져 지역과 연결된 것입니다.

다니구치 료헤이(谷口竜平)

리틀 무나카타의 핵심 인물인 다니구치는 앞서 소개한 구마나 나
카무라와 달리 지금도 무나카타에 거주하고 있습니다. 그런 다니구
치도 나카무라처럼 원래는 무나카타가 싫었다고 합니다. 무나카타
중에서도 농가가 많은 지역에서 자란 다니구치에게 무나카타는 그
저 답답하고 촌스러운 '시골'에 불과할 뿐이었습니다.

초등학생 때 신흥 주택가에 사는 친구 집에서 고급스런 간식을 먹
고 충격을 받아서 자신이 사는 시골에는 아무것도 없고 꿈도 희망
도 없다고 생각하게 되었습니다. 농사를 지으며 함께 살던 할아버
지와 할머니도 다니구치에게 "시골은 그냥, 그런 곳이다"라고만 말
해줄 뿐이었습니다. 그래서 더욱 TV에 나오는 도시의 삶을 동경하
게 되었습니다.

대학을 졸업하고 후쿠오카의 디자인 회사에 취직한 다니구치는
당당하게 무나카타를 떠나 후쿠오카시에서 혼자 살게 되었습니다.
'크리에이티브하고 멋진 직장을 얻었다'고 생각한 디자인 회사였지
만 현실은 그렇지 않았습니다. 거래처를 위해 디자인한 상품 카탈

무나카타 공유주택

로그를 몇만 부 인쇄해도 필요 없게 되면 남김없이 처분하는 것이 현실이었습니다. 밤새워 만든 디자인이 쓰레기처럼 버려지고는 하는 생활을 하면서 자신이 그저 회사의 소모품 같다고 느낀 다니구치는 좀 더 사람에게 쓸모 있는 디자인을 만들고 싶었습니다.

대학에서 건축을 전공한 다니구치는 건축과 공간, 도시 디자인 회사로 이직했습니다. 그 회사에서 유명 관광지 리뉴얼 브랜딩, 공간 디자인과 관련된 많은 경험을 쌓았습니다. 그러나 동시에 디자인 세계에는 자신보다 훨씬 더 능력 있는 사람이 많다는 것을 깨닫고, 디자이너로서의 한계를 느꼈습니다.

자신만 할 수 있는 일을 고민하던 다니구치는 지역 평생학습 커뮤

무나카타 공유주택 내부와 주방

니티인 후쿠오카 텐진대학 운영에 관여하게 됩니다. 이곳에서 활동하면서 지역 커뮤니티의 활동 전달 수단에 문제가 있다고 느낀 다니구치는 디자인으로 그 문제를 해결하고 싶었습니다. 자신의 디자인 전문성을 살릴 수 있는 기회가 온 것입니다. 지역 기반 커뮤니티에서 활동한 이 경험을 통해 다니구치는 '커뮤니티 디자인'이라는 새로운 분야를 찾았습니다.

현재는 무나카타로 이주하여 조부모로부터 물려받은 집과 7,200평의 산을 활용하여 '무나카타 공유주택'과 자연 속의 창의적 공간인 '무나카타 셰어 랩'을 운영하고 있습니다. 다니구치가 디자인한 커뮤니티를 통해 지역과 사람이 연결되는 것입니다. 다니구치의 사

근처 농가 주민들과 교류하는 다니쿠치

례는 지역과 자신 일의 접점을 발견함으로써 자기만의 경력 구축이
가능하다는 것을 알려줍니다.

누구에게나 지역과 만날 기회가 있다

리틀 무나카타는 떨어져 살다 보니 고향의 장점을 알게 되었고 고
향을 응원하고 싶다는 마음이 생겨서 만든 커뮤니티입니다. 리틀 무
나카타에 모인 세 명은 처음부터 강한 의지로 고향에 접근한 것이
아닙니다. 원래는 고향이 싫었고 도시를 동경했을지도 모릅니다. 그
러나 미약하지만 노력하고 시도하면서 결과적으로 고향과 관계가

깊어진 것입니다. 지역과 관계하고 싶지만 장벽이 높다고 생각하는 사람들에게 이 세 명의 사례는 첫걸음, 작은 시도의 힘을 보여주고 있습니다.

로컬의 발견

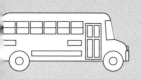

제4장

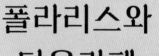
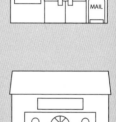

이직 준비 중인
여성 지원 /
폴라리스와
타운카페

가타오카 아키코

(片岡亜紀子)

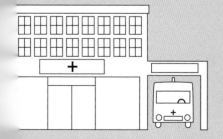

이 장에서는 이직을 준비하는 여성이 지역의 제3의 장소에 참여하여 경력을 개발하고 지역에 애착을 갖게 된 사례를 소개합니다. 지역의 제3의 장소는 비영리법인, 마을 공동체, 어린이 식당, 커뮤니티 카페 등 활동 목표가 분명하고 자발적으로 사람들이 모이는 '목적 교류형 제3의 장소'입니다.

지역의 제3의 장소는 이직을 준비하는 여성의 자신감을 높여주어 잠재력이 큽니다. 그들은 이 장소에서 자신감을 높이는 많은 경험을 합니다. 제4장은 개인과 제3의 장소라는 두 차원으로 구분하여 사례를 소개합니다.

〈지역의 제3의 장소를 경험한 여성의 사례〉

육아와 일, 자신의 경력을 모색하다

여성은 퇴직 후에 이직을 준비하며 자신감을 잃어버리는 경우가 많습니다. 일을 그만둔 뒤 '이러려고 그만둔 게 아닌데…'라고 생각하거나 만나는 사람의 수가 줄기도 하고 수입이 끊기는 등 생활이 그전과 달라지면서 고독감과 초조함을 느끼게 되는 것이지요.

지바현 이치카와시(千葉県 市川市)에 사는 이와마 마호(岩間麻帆)도 같은 경험을 했었지만, 지금은 육아와 간병을 하면서 자신의 아이디어로 창업하여 지역과 관계하며 자신의 페이스대로 일하고 있습니다. 그녀가 이렇게 활발하게 활동하게 된 것은 지역의 제3의 장소 덕분입니다.

이와마는 오랫동안 ICT 분야의 강사로 일했지만 육아와 일을 함께하기 어려워 회사를 그만두었습니다. 저는 회사 동료로서 그녀와 자주 만나는 사이인데 석사논문 준비를 위해 그녀에게 인터뷰를 요청하기도 했습니다.

6년 전쯤에 이와마는 어린아이 둘을 데리고 가사와 육아에 고군분투하고 있었습니다. 당시 그녀가 조금 우울해 보였던 기억이 있습니다. 아마도 그 무렵 이직을 생각하고 있었던 것 같습니다.

그 후에 이와마는 고령자를 대상으로 한 ICT 강사로 이치카와시의 단체에서 활동을 시작했는데, 매달 한 번이니까 부담 없이 할 수

컴퓨터 강의를 하는 이와마 마호

있다고 생각해서 시작했다고 합니다. 인터뷰 당시에 그녀는 "언젠가 노인을 대상으로 일하고 싶다"라고 했습니다.

강사에서 단체 대표로

그 활동을 시작한 지 얼마 안 되어 이와마는 단체 대표가 되었습니다. 당시 단체 대표가 그만두어 어떤 일이든 성실하게 해내는 이와마가 그 자리에 선택되었다고 합니다. 그 단체는 그 후에 문을 닫고 새로운 단체를 세우게 되었는데, 이와마는 그 과정에서 단체의 목표와 활동 방향에 관해 회원들과 함께 의논하면서 내용을 착실히 채워갔습니다.

로컬의 발견

저도 이치카와시와 공동으로 실시하고 있는 컴퓨터 강좌를 도와주기 위해 단체를 방문한 적이 있습니다. 시 담당자와 연락, 강의실 예약, 교안 작성부터 강사와 회원 정비까지 이와마는 열심히 자기 일을 해내고 있었습니다.

여성창업쥬쿠[*]에 참가하다

이와마는 주로 컴퓨터 조작 방법을 가르쳐주는 강의를 했는데 수강생들의 수준 차이도 크고 일일이 개별적으로 가르치기 어려워서 강사로서 고민에 빠졌습니다. 많은 사람에게 한 번에 강의하는 게 효과적이긴 했지만 한편으로는 한 사람씩 살피는 개별 맞춤형 강의도 하고 싶었기 때문입니다.

그렇다고 창업을 하자니 무엇부터 시작해야 좋을지 난감했습니다. 우선 인터넷과 책을 통해 정보를 찾다가 시에서 실시하는 여성 대상의 창업지원 강좌를 알게 되었습니다. 일단 초보자이니까 누구나 편하게 듣는 무료 지원 세미나를 들어보자는 생각으로 참여했습니다.

2015년 이치가와시는 여성을 위한 창업지원 세미나, 여성창업쥬쿠, 여성창업 공모전 등의 프로그램을 실시하고 있었습니다. 이와마가 처음 참가했던 여성을 위한 창업지원 세미나는 누구나 들을

---

* 쥬쿠(塾)는 일반적으로 학생들이 다니는 학원 혹은 기숙사 등을 의미하지만, 사회인을 대상으로 할 경우에는 일정 교육 콘텐츠를 갖춘 아카데미를 쥬쿠라고도 부른다. (역주)

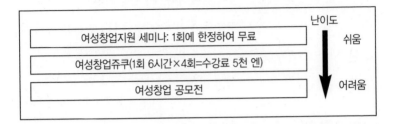

〈그림 4-1〉이치가와시의 여성 창업자 지원 프로그램

여성창업지원 세미나: 1회에 한정하여 무료	난이도
여성창업쥬쿠(1회 6시간×4회=수강료 5천 엔)	쉬움
여성창업 공모전	어려움

수 있는 무료 강좌입니다. 이 강좌에서 창업에 흥미를 느낀 이와마
는 이어서 여성창업쥬쿠에 다니게 되었고, 그다음에 여성창업 공모
전에 참가하게 되었습니다. 단계적으로 수강하며 창업에 도전한 것
입니다.

여성창업 공모전에 도전하다

당시 이치카와시의 여성창업쥬쿠는 수강료 5,000엔, 6시간 단위
의 총 4회 코스였습니다. 이와마는 '창업 이해하기', '고객을 팬으로
만들기', '창업 자금 확보하기', '사업 계획 세우기' 등을 배우면서 전
문가의 조언을 받았습니다. 여성창업쥬쿠에서 창업 현실을 이해하
게 되었고, 자신의 사업 계획에 대해 주변 사람들의 조언을 들으면
서 애초에 가졌던 막연한 창업 의지가 점점 구체화되는 것을 느꼈
습니다.

로컬의 발견

여성창업 공모전에서 발표하는 이와마

   이어서 여성창업 공모전에 도전했습니다. 이 공모전에서 사업 계획을 발표하려면 심사를 통과하여 최종 5명에 들어야 합니다. 그래서 남편과 사업 계획을 상의하여 수정하며 준비했고, 그 결과 최종 명단에 들었습니다.

   저도 콘테스트를 보러 갔습니다. 이와마는 ICT 강사 경험을 충분히 살려 알기 쉽고 침착하게 창업 계획을 발표했습니다. 그 결과 행사장 참가자 대상의 크라우드펀딩 인기투표에서 2위를 하며 많은 사람으로부터 지지를 받았습니다.

   이와마는 이치카와시의 여성창업지원에 참여하여 생각지도 못한 큰 수확을 얻었습니다. 특히 도움이 되었던 것은 다음과 같습니다.

- 다른 사람과 의논하여 사업 계획서를 쓰면서 (시의 담당자, NTT 도코모* 판매원, 커뮤니티 멤버 등) 나의 인맥 기반이 확실해지는 것을 느꼈다.
- 내가 처한 환경을 돌아보며 나는 행복한 존재라고 깨닫게 되었다.
- (기술, 인맥, 시간 등) 창업을 위한 자원이 갖춰지면서 '지금이라면 할 수 있다'고 느꼈다.
- 내가 하고 싶은 것을 말로 전달할 수 있으므로 어느 정도 사업 계획을 갖췄다고 생각하게 되었다.
- 비영리법인에서 회원들과 소통하는 경험이 창업 준비에 도움이 되었다.
- 창업지원 프로그램 참가자들의 노력을 보고 자극받았다.
- 직접 실천하는 과정에서 내 재능이 나타나는 것을 실감했다.
- '작은 것부터 차근차근 신중하게 하자'는 신념이 생겼다.

이와마는 이런 경험을 통해 자신감이 커졌습니다. 자신감을 의미하는 '자기효능감'에는 ① 성취감, ② 대리 체험, ③ 언어적 설득, ④ 정서적 환기라는 네 가지 영향 요인이 있습니다. 이와마는 이 가운데 성취감, 대리 체험, 언어적 설득을 경험했습니다.

성취감은 스스로 행동하며 느끼는 것이고, 대리 체험은 자신과 비

---

*NTT도코모(DoCoMo)는 일본 최대의 이동통신 회사이다. (역주)

슷한 처지인 사람이 노력하는 모습을 보고 나도 할 수 있다고 깨닫게 되는 것이며, 언어적 설득은 주위 사람들로부터 '너도 할 수 있다'는 격려의 말을 듣는 것입니다.

이와마는 처음에는 막연했던 사업 계획을 실제 추진해보면서 그전에는 전혀 예상하지 못했던 깨달음을 얻고 한 걸음 더 전진하게 되었습니다.

지역과 관계를 형성하다

이치카와시와 근처 지역의 광고지가 여성창업 공모전 결선에 오른 이와마를 소개하면서 더더욱 창업해야만 할 것 같은 분위기가 되었습니다.

회사의 이름은 '카모메IT교실'입니다. 영화 〈카모메 식당〉을 좋아해서 영화 분위기처럼 여유롭고 신중한 삶의 가치를 회사 이름에 반영했습니다. 카모메IT교실의 모토는 '같은 수업을 100번 들어도 좋아요'입니다. 카모메IT교실은 고령자를 대상으로 역 근처의 카페에서 컴퓨터와 스마트폰 사용법을 일대일로 가르칩니다.

이와마는 지금까지도 단체 대표로서 이치카와시 행정 담당자와도 교류하고 지냅니다. 여성창업쥬쿠와 여성창업 공모전을 통해 다른 행정 담당자와 협찬 기업 관계자와도 인연이 생겼습니다. 이제까지 지역에 살아왔지만 실제로 지역과 연결된다는 실감이 적었는데 점점 경험의 폭이 넓어진 것입니다.

애초에 단체 활동을 시작한 것도 여성창업쥬쿠나 여성창업 공모전에 참여한 것도 지역에 공헌하겠다는 뚜렷한 목적의식을 갖고 시작한 것은 아닙니다. 그러나 자신의 경력을 지속하려고 고민하던 중에 결과적으로 자신이 사는 지역과 관계가 깊어지며 지역에 흥미를 갖게 되었습니다.

〈그림 4-2〉 지역의 인적 네트워크 확장

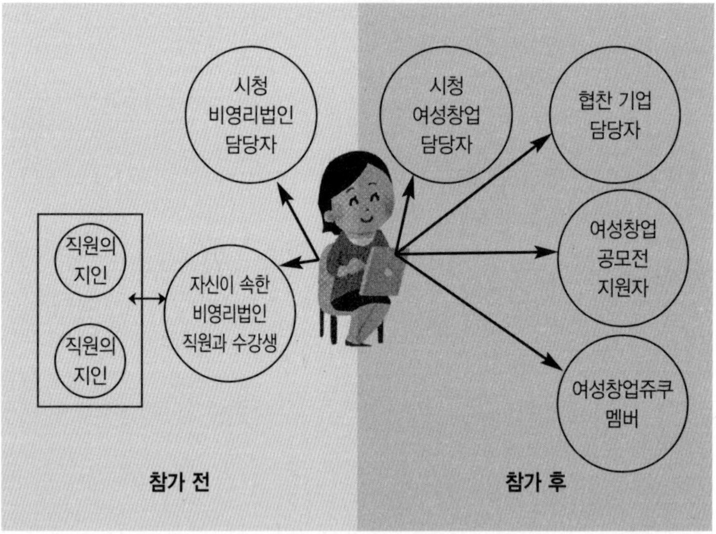

책을 출판하다

현재도 이와마는 단체 대표와 카모메IT교실 대표로 활동하고 있습니다. 홈페이지 만들기를 도와 달라는 사람들을 위해 짐도*라는 홈페이지 제작 소프트웨어를 배워 강사 자격도 취득했습니다. 카모메IT교실 웹사이트**에는 수강생들이 짐도로 만든 홈페이지가 게시되어 있습니다. 컴퓨터 초보자였던 고령자들도 스스로 홈페이지를 만들어 작품을 올리고 있습니다.

카모메IT교실 웹사이트를 개설한 지 얼마 되지 않아 출판사로부터 고령자 대상의 짐도 매뉴얼 집필을 제안받아 책을 출판하여 '저자'라는 경력까지 더해졌습니다.***

이직을 준비하는 여성에게 지역의 제3의 장소의 의미

이와마의 사례를 통해서 이직을 준비하는 여성이 잠깐의 계기로 경력을 개발하여 지역에 애착을 갖게 되는 과정을 살펴보았습니다. 이와마는 이치카와시의 여성창업 지원과 여성창업 공모전 등 지역의

---

*짐도(Jimdo, https://www.jimdo.com).
**카모메IT교실(https://www.kamome-it.com).
***岩間麻帆. 2018.『ホームページ作成 超入門』. 技術評論社.
(https://www.amazon.co.jp/o/ASIN/4774196274/gihyojp-22). (역주)

제3의 장소에서 여러 경험을 쌓았습니다.

2010년 3월에 발표된 『이치카와시 마을·사람·일 창생통합전략』
에 의하면 이치카와시가 여성을 지원하는 이유는 '여성의 사회 진출
을 지원하기 위해 단계적인 여성 창업가 육성, 여성의 관점으로 한 창
업으로 시민 생활이 풍요로워지고 여성에게 친근한 시의 브랜드 이
미지 향상, 창업가와 지역기업과 연대 창출' 때문이라고 합니다. 시
가 정책적으로 여성이 단계적인 경험을 쌓을 기회를 제공하고 있는
것입니다.

그렇다면 이와마가 경험한 지역의 제3의 장소는 어떤 것일까요
(〈그림 4-3〉 참조).

〈그림 4-3〉 이치가와시 여성 창업자 지원 경로

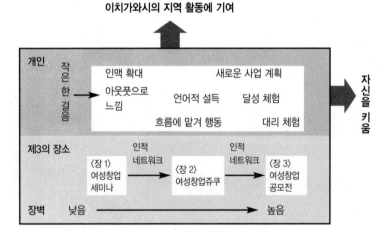

　　　　　로컬의 발견

〈장 1〉은 여성창업 세미나, 〈장 2〉는 여성창업쥬쿠, 〈장 3〉은 여성창업 공모전 등 단계적으로 구성되어 있습니다. 이와마는 그 과정에서 다양한 사람들과 인맥을 형성했습니다. 사람과 만나고 동료들이 분발하는 것을 보고 자극받으면서(대리 체험), 주위의 격려(언어적 설득)를 받아, 새로운 경험을 달성하여(성취감) 자신감을 높여갔습니다. 이렇게 개인이 구성하는 사업 계획은 지역 활성화에도 기여합니다.

〈지역의 제3의 장소의 역할과 효과〉[*]

이렇게 이와마는 자신감을 높이는 동시에 지역 활성화에 공헌해왔습니다. 지역의 제3의 장소가 이직 준비 중인 여성의 자신감을 높일 수 있는 요인으로는 몇 가지가 있는 것 같습니다. 이 부분에 대해서는 두 단체를 소개하며 설명하겠습니다.

첫 번째는 도쿄도 쵸후시(調布市)에 있는 비영리 주식회사 폴라리스입니다.[**] 폴라리스는 대표 운영자의 육아 모임, 커뮤니티 카페 운영 경험을 살려서 '잠재적인 가능성을 가진 지역 여성들이 지역 속에서 다양한 일자리를 실현하기 위한 사업'을 하기 위해 비영리형 주식회사로 2012년 설립되었습니다. 소셜 디자인 사업부, 워크 디자인

---

[*] 제4장의 파트2에 해당하는 '지역의 제3의 장소의 역할과 효과'는 호세이대학 지역연구센터에서 발행한 『地域 イノベーション』에도 게재되어 있다.
[**] 폴라리스(Polaris, http://polaris-npc.com).

사업부, 로컬 워크 사업부를 두고, 다양한 일자리에 관한 컨설팅과 업무 제안, 지역 커뮤니티 형성 등을 하고 있습니다.

두 번째 단체는 고난다이(港南台) 타운카페입니다.* 고난다이 타운카페는 '카페에서 시작하는 재미있는 마을 만들기'를 목적으로 2005년 요코하마시 고난구(橫浜市 港南区)에서 문을 열었습니다.

고난다이역에서 도보로 2분 거리에 있으며 주식회사 이타운, 요코하마 고난다이 상점회, 마을 만들기 포럼 등 지역의 세 개 회사가 함께 카페를 운영합니다. 카페 안에 각 회사 사무실이 있는데, 진열장에 수공예품을 전시 판매하는 작은 상자 숍, 카페 살롱, 공간 대여, 정보 제공, 지역 교류 코디네이터, 마을 사무국, 고난다이 텐트촌 등의 사업을 하고 있습니다.

폴라리스

폴라리스는 '지역 활성형+경력 형성형' 제3의 장소입니다. 폴라리스 활동은 주로 여성의 지역 일자리 지원 중심이며 지역 활성화에도 기여합니다.

폴라리스는 출산 후에 육아 모임에서 알게 된 이치카와 노조미(市川望美), 오쓰키 마사미(大槻昌美), 야마모토 미와(山本弥和) 등 여성들이 창업한 회사입니다. '세타가야 서무부'라는 사업을 위탁받아

---

* 고난다이 타운카페(http://www.town-cafe.jp/konandai).

진행하고 있으며 육아 등으로 이직을 준비하는 여성들이 그 일을 담당하고 있습니다.

폴라리스에서 활동하게 된 계기는 대부분 친구·지인의 추천과 웹사이트 정보를 통해서입니다. 관심 있는 사람들은 설명회와 워크숍에 참가하거나 다양한 일자리를 소개받아 일한 만큼 수입을 얻을 수 있습니다. 이런 방식은 앞서 소개한 이와마처럼 여성창업지원 세미나, 여성창업쥬쿠, 여성창업 공모전 등 참가하기 쉬운 것부터 단계적으로 경험하는 방식과 유사합니다.

세타가야 서무부에서는 4-5명 여성이 팀을 이루어 업무를 위탁받

<그림 4-4> 폴라리스 활동 개념도

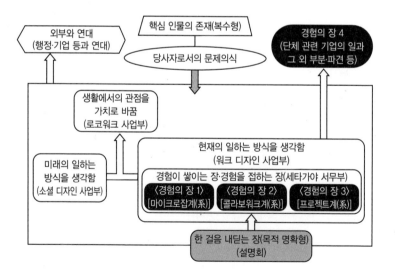

습니다. 위탁 방식이기 때문에 일하는 시간과 장소가 유연하며, 팀으로 진행하기 때문에 아이가 아플 때 서로 신속하게 도울 수 있어 육아 중인 여성이 일하기 편한 방식입니다.

> "친구들에게 말하면 그렇게 일할 수 있냐고 놀라요. 팀으로 일하기 때문에 든든하다는 기분도 들어요. 단체 홈페이지를 보고 폴라리스를 알게 되었어요. 가끔 친구의 어머니가 '좋아요!'를 누르는 페이스북 페이지를 보고 알게 되었고요. 집에서도 가깝길래 설명회가 있다고 해서 참여하게 되었어요." (활동 기간 2년 미만 여성 멤버 A)

> "같은 처지의 엄마들과 이야기할 수 있고 봉투 만드는 일을 하면서 오랜만에 일한 만큼 돈을 벌 수 있어서 기뻤어요." (활동을 시작하려고 생각하는 멤버 B)

폴라리스는 상점가 한편의 집을 빌려 사무실 겸 공유사무실 공간으로 활용합니다. 제가 조사하러 간 날에는 방 하나에서 네일 살롱이 열리고 있었습니다.

> "처음에는 지역에서 창업 준비 중인 여성들이 입주하거나 공유할 수 있는 안정적인 활동 공간이 있으면 좋겠다고 생각했어요. 상설 장소로 활용하면 이벤트할 때 대여하는 식으로 수익을 창출

할 수도 있겠다고 생각했죠." (이치카와)

폴라리스에서는 인터넷도 이용할 수 있는데 이것도 제3의 장소로 기능합니다. 물리적 장소뿐만 아니라 페이스북 등 SNS를 통한 활동도 자유롭게 할 수 있으니까요. 아이가 어릴 때는 시간 제약도 많고 자유롭지 않기 때문에 그럴 때 집에서 다른 멤버의 동향과 활동을 확인할 수 있으니 편하게 활동할 수 있습니다.

"그곳에서 누군가 만날 수 있다는 것이 장점이에요. 페이스북 그룹에서는 얼굴도 모르는 사람과 일할 때도 있는데, 대면이 아니어도 말과 글로 일하는 방식도 가능하다고 생각하게 되었어요. 페이스북에 사진을 올리고 코멘트를 쓰고 '좋아요'를 받는 것만으로도 기뻐요. 그전에는 페이스북을 전혀 하지 않았기 때문에 그런 작은 반응으로도 성취감이 높아지는 거죠." (활동 기간 2년 미만 여성 멤버 A)

폴라리스는 이직을 준비 중인 여성을 지역 상인회와 기업이라는 중요한 주체들과 연결하는 역할도 합니다. 세타가야 서무부 활동 멤버는 기업으로부터 위탁받아 일한 경우도 있다고 말합니다.

"위탁을 의뢰한 회사는 지역에서 고용을 창출하는 소셜 비즈니스 업체였어요. 대표가 좋은 사람이기도 했지요." (이치카와)

A씨는 폴라리스에서의 경험과 인맥을 살려서 현재 이 기업에서 일하고 있습니다. 이처럼 이직 준비 중인 여성들이 활약할 기회를 제공하고 있는 폴라리스는 '지역 활성형+경력 형성형' 제3의 장소 역할을 합니다.

고난다이 타운카페

고난다이 타운카페는 지역에의 관심을 도모하는 '지역 활성형' 제3의 장소입니다. 행정 실무자나 애초에 지역에 관심이 있는 사람만 지역 활성화에 기여하는 것이 아니라 많은 사람의 관심을 끌어들이고자 만든 곳입니다.

고난다이 타운카페는 도야마현에서 요코하마시에 이주해온 사이토 다모쓰(齋藤保)가 지역 주민으로서 지역에 필요한 것을 궁리하게 되면서 만들어졌습니다. 다양한 세대가 편하게 방문하는데 방문자들이 지역 정보를 보기도 하고, 수제품을 판매할 수 있는 작은 상자숍(경험의 장 1)이 있어서 누구라도 주인이 되어 판매할 수 있습니다. 그리고 그 경험을 계기로 카페 내에서 교실을 열거나(경험의 장 2), 카페 직원으로 일하기도 합니다. 전 직장의 경력을 살려 카페 디자이너로 일하는 사례(경험의 장 3)도 있습니다. 또한 여러 교류회와 학습회도 자유롭게 열리면서 그것이 경력을 만드는 기회로 발전하기도 합니다.

로컬의 발견

고난다이 타운카페

"작은 상자 숍에서 판매했던 사람이 카페의 일부 공간에서 수
제품 제작 교실을 열었어요. 그것도 교류회에서 술잔을 기울이며
나온 아이디어였어요." (사이토)

또한 자유로운 모임은 인재 발굴과 인재 네트워크 구축으로 연결
되며 지역 리더가 만들어져 행정기관과 학교가 연대하여 촛불의 밤
이나 상점가 스탬프 순례 등 지역 활동 기획으로 이어지고 있습니다.

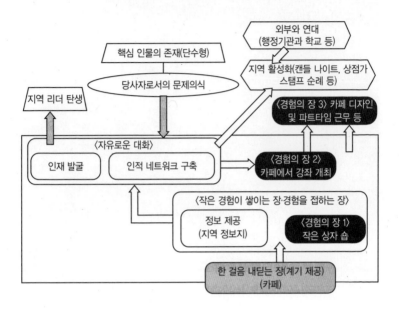

〈그림 4-5〉 고난다이 타운카페의 구성 요소

"비영리기관 인턴, 시민 리포트 쥬쿠라는 학습회를 통해서 지역 인재를 발굴합니다. 예를 들어 거리에 관심을 가진 사람을 늘려 코디네이터나 조정 역할을 할 사람을 키울 필요가 있지요. 그래서 교류회에 참가한 30-40대의 상인 대표들이 스탬프 순례를 시작했 습니다. 지역 주민이 행사를 주도하는 인물이 되는 것입니다." (사 이토)

이러한 활동의 계기는 친구나 지인의 소개, 홈페이지 정보, 카페를 방문하면서 알게 된 것 등 여러 가지입니다. 특별한 목적 없이 마음 편하게 이용할 수 있는 교류 거점으로서 카페가 그 역할을 하는 것입니다.

"누구라도 편하게 모이는 장소를 만들기 위해 지역과 관계 맺기 쉽게 만들고 지역에 무관심한 사람들도 올 수 있도록 지역 카페라는 존재를 널리 알리고자 했습니다. 팸플릿을 멋지게 만들어 마을 만들기를 강조하지 않습니다. 카페 상품을 둘러보거나 커피를 마시면서 100명 중에 단 두세 명만이라도 지역에 관심이 생긴다면 그것으로 족합니다." (사이토)

워크숍과 교류회에 참가하여 지역 사람들과 연결될 수도 있습니다. 작은 상자 숍을 이용하면 진열장 한편을 빌려 수제품 등을 판매할 수 있습니다. 이런 경험으로 카페 빈 공간에서 상품 만들기 교실을 연 사람도 있습니다.

또한 고난다이 타운카페를 운영하는 주식회사 이타운, 마을 만들기 포럼 고난, 요코하마 고난다이 상인회는 각각 지역에서 활동 거점이 필요했습니다. 그래서 사람들이 편리하게 이용할 수 있는 역 주변의 빈 점포를 카페로 하여 사무실로 이용한 것입니다.

"우리 활동의 80%는 후계자가 있습니다. 기획서 없이 카페에서 세상 돌아가는 이야기를 하면서 자연스럽게 기획이 만들어집니다. 여기저기에서 움직임이 생겨서 정보 생산이나 워크숍을 진행하여 지역 사람들의 참여를 이끄는 마을 창구가 되었습니다." (사이토)

인터넷도 제3의 장소로 기능합니다. 카페 홈페이지와 페이스북, 고난다이 지역 정보 매거진과 블로그를 통하여 활동 상황을 외부에 알립니다. 고난다이 타운카페를 홍보하면서 커뮤니티 카페 성공 사례로 유명해져 전국에서 상담과 견학을 옵니다. 그렇게 인터넷으로 새로운 사람들과 만나게 되었습니다.

폴라리스처럼 상점회, 학교, 기업과 함께하는 고난다이 타운카페는 지역 내 여러 곳과 연결되는 핵심 역할도 합니다.

"마을의 연결고리로서 기업, 행정기관, 방과 후 학교와 연결되고자 합니다. 얼마 전에도 '촛불의 밤, 고난다이'라는 이벤트를 했습니다. 이외에도 지역건강포럼이라는 워크숍과 강연회도 실시하고 있습니다. 이렇게 지역 활성화 기회를 5년 동안 제공하고 있습니다. 우리들은 통상 행정기관이 해온 지역센터를 민간이 진행한 것이어서 앞으로 제도화할 필요가 있다고 행정기관에 제안하기도 했습니다. 다행히 좋은 실무자들과 좋은 만남이 이어지고 있습니다." (사이토)

두 단체의 공통점

두 단체의 공통점은 첫째, 단계적 참여 방식입니다. 지인이나 친구 소개, 웹사이트를 보고 부담 없이 참여한 것입니다. 그다음에는 누구나 작은 상자 숍을 열거나 세타가야 서무부 일을 하며 수입을 얻을 수 있습니다.

둘째, 물리적·인적·인터넷에 장소가 있습니다. 물리적 장소로 사무실과 카페가 거점이 되고, 인적 장소로 지역에서 활동하는 인력을 양성하며, 인터넷에서는 다양한 정보를 제공합니다.

셋째, 세미나 등을 통해 지역에 관심을 갖도록 독려하고 행정기관, 기업, 다른 단체와의 연대하는 지역 허브로 기능합니다.

넷째, 여러 가지 활동 수입으로 자립할 수 있도록 합니다. 세타가야 서무부나 작은 상자 숍과 같은 독자적인 방법으로 사업을 전개하여 단체와 개인이 모두 수익을 창출합니다.

다섯째, 핵심 인물이 있습니다. 처음부터 기획했던 핵심 인물이 항상 문제의식을 갖고 행동하면서 문제가 발생하면 그때마다 대응하고 수정하면서 활동을 이어갑니다.

지금까지 이직 준비 중인 여성이 자신감을 높일 수 있는 지역의 제3의 장소에 대해 몇 가지 사례를 알아보았습니다. 제1부에서는 지바현 이치카와시 이와마의 개인적인 경험을 중심으로, 제2부에서는 세 단체의 공통점을 정리하여 지역의 제3의 장소의 기능과 효과를 소개했습니다.

〈표 4-1〉 두 단체 사례로 본 제3의 장소의 기능

구분	기능	내용	
		폴라리스	고난다이 타운카페
제3의 장소 기능	제3의 장소 유형	지역 활성형+경력 형성형	지역 활성형
	참여 방식	댓글, 웹 정보 설명회, 워크숍 참가 목적 명확형(설명회에서 단발의 부업 경험) 업무 제휴형 업무 경험 (세타가야 서무부에서 경험)	댓글, 웹 정보 카페 손님, 워크숍 참가 계기형(카페에서 지역 정보를 접하고 흥미를 갖게 됨) 업무 위탁형·자영업형 업무 경험(작은 상자 숍에서 소소한 것을 만들어 판매, 강좌 개최)
	물리적 장소	사무소 아파트, 세타가야 서무부의 일하는 장소, 공유사무실 공간	타운카페 공간, 작은 상자 숍 진열대
	인적 장소	강좌회 참가 멤버 서무부 업무 멤버 운영 멤버	카페 손님, 워크숍 멤버 작은 상자 숍 주인, 타운카페 취미 강좌 강사 타운카페 봉사자·종업원, 운영 멤버
	인터넷 장소	SNS·단체 홈페이지	SNS·단체 홈페이지
	지역 흥미 유발 활동	설명회, 세미나	워크숍, 교류회
	허브 역할	행정기관, 다른 단체와 연대 행정의 수직구조 타파	거리를 연결하는 기능으로써 행정과 상점가, 기업과 연대
	행정 담당자와의 관계	행정 실무자 이동에 따라 다음 단계 지원도 받아냄	목적 달성을 지원할 수 있는 행정 실무자와 만남
	단체 성과	세타가야 서무부 매출 연수, 조사, 컨설팅 매출 여성이 일할 수 있는 계기 제공 사는 법, 일하는 법에 관한 흥미를 사람들에게 환기	작은 상자 숍 매출 타운카페 매출 타운카페 행사 지역에 관한 흥미를 사람들에게 환기
	핵심 인물	복수형(설립 멤버 3명) 당사자로서 문제의식 (주부가 직면하고 있는 환경)	단수형(설립 멤버 1명) 당사자로서 문제의식 (지역 활성화 문제)

개인 관점에서 보면 정보를 탐색하고, 일단 시작해보고, 새로운 경험을 하면서 다른 사람과 연결되는 등의 요소로 자신감이 높아질 수 있습니다. 한편 지역의 제3의 장소 관점에서 보면 이용자가 움직이기 쉽게 정보를 제공하고, 여러 가지 참여 방식을 제시하며, 단계적으로 여러 경험을 쌓도록 하고, 물리적·인적·인터넷 장소를 제공하며, 사람과 사람을 연결하는 핵심 인물이 필요하고, 지역 허브로 기능하거나 행정 실무자와 연대하고, 자립적으로 운영되는 것 등의 공통점도 나타납니다(이러한 관계성에 대해서는 〈그림 4-6〉 참조).

제가 인터뷰한 사람들 대부분은 결과적으로 지역에 흥미를 갖게 되었습니다. 자신의 경력을 이어가려고 도모하는 중에 인터넷이나

〈그림 4-6〉 이직 중인 여성이 자신감을 높이는 지역의 제3의 장소 (물리적·인적·인터넷 장소)

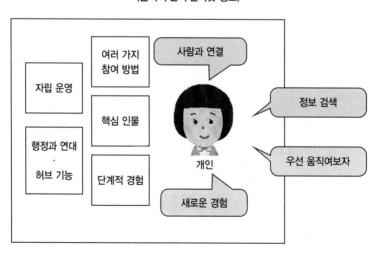

정보지 등을 통해 제3의 장소의 존재를 알게 되었습니다. 그 과정에서 '관심 있으니 가볼까, 그만두어도 상관없지 뭐'라는 식의 태도로 부담 없이 접근했습니다. 즉 그들이 활동을 시작한 계기는 정보 검색과 소소한 행동이었습니다. 누구나 쉽게 할 수 있는 일들입니다.

오히려 처음부터 '지역을 활성화하고 싶다, 지역에 공헌하고 싶다'고 덤비면 목표를 달성하기 전에 중간에 좌절할 확률이 더 높습니다. 가벼운 마음으로 찾아보면 이 글에 소개한 것처럼 지역의 제3의 장소를 만날 수 있을지도 모릅니다.

저도 이 주제의 연구를 끝낸 후 '우리 동네에도 커뮤니티 카페가 있나' 하고 인터넷을 검색하기도 하고 근처를 산책하면서 —평소라면 그냥 지나쳐버리고 말았을— 거리의 광고판을 유심히 보게 되었습니다. 이렇게 가벼운 마음으로 한 발 내디디면 새로운 세계가 펼쳐질지도 모릅니다. 지역에서 무슨 일이 일어나고 있는지 알게 되는 것만으로도 지역과 유연한 연결이 시작되는 것입니다.

로컬의 발견

참고 문헌

1. A. Bandura. 1977. *Social learning theory*. Upper Saddle River: Prentice-Hall, Inc. 原野広太郎 監訳. 1979. 『社会的学習理論：人間理解と教育の基礎』. 金子書房.

2. 片岡亜紀子・石山恒貴. 2017. "地域コミュニティにおけるサードプレイスの役割と効果." 『地域イノベーション』 Nol. 9: 73-86.

3. 市川市企画部企画課. 2017. 『市川市まち・ひと・しごと創生総合戦略』.

제5장

———

사람이 순환하는 시스템을 만드는 교육 / 도사야마 아카데미

다니구치 치사

(谷口ちさ)

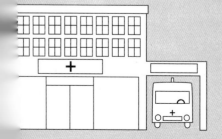

이 글에서는 소위 '한계마을'이라고 불리는 농촌 중산간 지역이 지역재생을 통해 매력적으로 변한 사례를 소개합니다. 고치현 고치시 도사야마(구 도사야마촌)는 일찍 인구감소가 진행돼 2048년 인구소멸지역으로 예측된 곳입니다.[*]

2010년 전국 23.1%에 비해 37.0%로 고령화율(65세 이상 인구의 비율)이 월등히 높아서 일본의 '최첨단 문제 지역'이었습니다.[**] 그런 도사야마가 지금은 주민, 비영리법인 도사야마 아카데미[***], 행정기

---

[*] 도사야마 백년구상(http://www.yumesanchi.jp).
[**] 2010년 고령화율을 기준으로 산출한 수치이다. 전국 인구 자료 출처는 내각부의 『2011년판 고령사회백서』이고, 도사야마 지역 자료는 고치시에서 발간한 『도사야마 지역의 마을 만들기 구상』이다.
[***] 도사야마 아카데미(http://www.tosayamaacademy.org).

관이 힘을 모아 이주 희망자가 끊이지 않는 지역으로 다시 태어났습니다. 고치시 중심부에서 차로 40분 정도 걸리는 산간 지역이라 아무리 좋게 봐도 '편리성'과는 거리가 먼데 누가 어떻게 참여하여 어떤 변화를 보인 걸까요.

도사야마와 만남

저는 고치현 고치시에서 태어났습니다. 행정구역으로 고치시이긴 하지만 시내에서 10㎞ 정도 떨어진 —명승지로도 유명한— 가쓰라하마(桂浜)라는 곳에서 태어났습니다. 태평양을 지키는 사카모토 료마* 동상이 서 있는 작은 해안 마을입니다. 고등학교 때에는 이 시골에서 빨리 벗어나고 싶었는데, 간사이의 대학교에 가면서 그 꿈이 이루어졌습니다.

취직 때문에 수도권에 이주하면서 동경하던 도쿄 생활을 시작했습니다. 20대에는 일에 빠져 살았고 명절에도 1년에 한 번 정도 고향에 갔습니다. 도쿄에서도 고향 친구를 만날 기회는 거의 없었습니다. 그러나 30대가 되면서 고등학교 동창이 간토 지부에서 계간 신문을 만든다고 해서 제작에 관여하게 되었습니다.

지금 생각하면 본업 이외에 눈을 돌릴 여유가 생겨 수평 경력을 시작하는 순간이었을지도 모릅니다. 그러면서 조금씩 '고향을 위해 뭔

---

*사카모토 료마(坂本龍馬)는 일본 에도 시대의 무사로 일본 근대화를 이끈 인물로 평가된다. (역주)

도사야마 아카데미의
요시토미 신사쿠 사무국장

가 하고 싶다, 그런데 뭘 해야 좋을지 모르겠다'라는 생각이 강해졌습니다. 그런 고민을 하다 37살 되던 해인 2015년, 지역 만들기를 배우려고 대학원에 입학했습니다.

도사야마 아카데미 사무국장 요시토미 신사쿠(吉富慎作)는 야마구치현 출신으로 저와 동갑입니다. 같은 이름의 지역 영웅 다카스기 신사쿠(高杉晋作)에 푹 빠진 소년이었습니다. 영웅 서사에 다카스기가 어느 날 료마에게 받은 권총으로 데라다야(寺田屋)에서 그의 목숨을 구했다는 에피소드가 있습니다. 그 옛날이야기에 매료된 요시토미 소년은 다카스기가 구한 료마라는 인물에 흥미를 느끼기 시작했습니다.

요시토미는 인생의 갈림길에 설 때마다 료마를 만나러 가쓰라하마에 가고는 했습니다. 처음 혼자 가쓰라하마를 방문한 것이 중학교 3학년 때입니다. 일반고등학교에 갈까 고등전문학교에 갈까를 고민하며 혼자 전차를 갈아타고 5시간을 걸려 가쓰라하마까지 갔습니다. 료마 동상을 보고 고등전문학교에 가겠다고 마음먹었다고 합니다. 제가 괴로워하며 '이런 시골에서 나가고 싶다'고 생각하고 있을 때 요시토미 소년은 '이런 시골'을 방문하여 자신의 인생을 스스로 선택한 것입니다.

고등전문학교를 졸업한 후에도 인생의 갈림길에 설 때마다 요시토미는 몇 번이고 가쓰라하마를 찾았습니다. 요시토미는 '료마 거리'라는 웹사이트와 료마처럼 되고 싶다는 글을 올리는 '료마 봇(bot)' 트위터 계정도 있어서 료마 마니아들 사이에 유명합니다. 광고 대리점에서 일하던 시절 고치에 취재하러 가는 날 트위터에 "도사*에 가요"라고 올리니까 "하보탄(葉牡丹) 술집에서 기다릴게요"라는 답장을 받고는 결국 고치에서 그 사람과 술을 한잔하기도 했습니다. 그러면서 고치에 술친구가 점점 늘었습니다.

여느 때처럼 고치의 술집에서 지인과 한잔하고 있는데 그 사람이 "그렇게 고치가 좋으면 주소를 옮겨! 우리 할머니 집 주소로!"라며 나무젓가락 포장지 뒷면에 할머니 집 주소를 써주더랍니다. 그걸 받아들고 조금 놀라긴 했지만 이후 정말 고치에 이주하게 되었습니다.

2012년 요시토미가 34살 때, 도사야마 아카데미 사무국장 모집 공고를 보았습니다. 요시토미는 출장 가는 비행기 안에서 금발인 자신의 사진을 찍어 이력서를 넣었는데 합격하게 되었습니다. 물론 면접에는 검게 염색하고 갔지요. (웃음) 그렇게 고치에 근무하게 되었지만 알고 지내던 고치의 지인들은 다들 요시토미를 걱정했습니다. "기분은 알지만 그만둬", "해보고 싶은 마음은 알지만 정말로 괜

---

*도사(土佐) 지역은 고치현이 있는 지역을 의미한다. (역주)

가쓰라하마의 사카모토 료마 동상

찮겠어?", "후쿠오카에 있으면서 고치에 관심 갖고 활동하는 것만으로도 충분해"라고 만류했습니다.

그러나 그런 이야기를 들을수록 고치에 더 있고 싶어진 요시토미는 후쿠오카의 아내와 부모에게 설명하기 위해 40페이지에 이르는 기획서를 만들고, 고치에 이주해야 하는 이유와 거주비 및 재정 계획까지 모든 내용을 담아 설득했다고 합니다.

저는 지역 만들기를 배우려고 대학원에 갔지만 연구를 해본 적이 없어서 어떻게 해야 할지 몰랐습니다. 처음에는 단순히 '이주자가 늘면 지역이 활성화되지 않을까'라고만 생각했습니다. 그래서 '이주'를 연구 주제로 잡아서 고치에서 이주가 늘고 있는 도사야마를 연구하

로컬의 발견

게 되었습니다. 그렇지만 도사야마에는 인연도 연고도 없었습니다. 가끔《고치신문》에서 도사야마 아카데미라는 단체를 보긴 했지만 거기에 대해 아는 것은 하나도 없었습니다.

도사야마 아카데미를 알기 위해 우선 홈페이지를 확인했지만 그것만으론 한계가 있었습니다. 구체적으로 더 알고 싶은 것들이 있었지만 도사야마에는 아는 사람이 없어서 누구든 찾아야만 했습니다. 어쨌든 현장에 직접 가야겠다 생각하고 홈페이지에서 견학 신청을 했습니다. 대학원 1학기가 지난 여름이었습니다.

가쓰라하마 본가에서 출발하여 산간의 도사야마까지 차로 약 30㎞를 달렸습니다. 같은 고치 시내라고는 하지만 먼 거리입니다. 가보지 않은 산길은 잘못 들어서면 다시 돌아가기 어렵기 때문에 불안한 마음으로 달려 겨우 도사야마 아카데미에 도착했습니다.

그날은 요시토미가 아닌 다른 직원이 맞아주었습니다. 도사야마를 차로 돌면서 행정기관과 기업에서 연수 장소로 도사야마 아카데미를 선택하고 있고, 도사야마 아카데미에서 여러 가지 이벤트를 기획·운영하고 있다는 사실에 관해서도 들었습니다. 그 후에 11월에는 도사야마 문화제, 그다음 해 2월에는 도사야마 야학회에 참가하면서 요시토미와 만나게 되었습니다.

사학일체 교육 역사

도사야마 아카데미는 이주자와 지역 주민 교류 프로그램입니다.

저는 2016년 2월 이 아카데미에 참여했는데, 도사야마 히가시가와 지구에 있는 오베르쥬 도사마야*라는 리조트 호텔에서 개최되었습니다.

이 호텔은 도사야마에 관한 활동이면 무조건 무료로 공간을 내준다고 합니다. 그날은 지역 주민 가마쿠라 히로미쓰(鎌倉寛光)가 도사야마 역사를 주제로 발표했습니다. 야학회에는 지역 주민과 도사야마에 일 때문에 방문하는 사람, 고치대학 교수 등이 참가했습니다.

도사야마 야학회라는 명칭에도 지역의 역사가 담겨 있습니다. 메이지 시대의 고치는 자유민권운동이 활발한 지역이었습니다. 이타가키 다이스케(板垣退助) 등이 1874년에 설립한 입지사(立志社)를 중심으로 고치 각지에서 청년 지역결사체가 만들어졌습니다. 도사야마에도 산옥사(山獄社)라는 결사체가 있었습니다.

그러나 정부가 자유민권운동을 탄압하던 시기라 고치 중심부에서 모임을 개최하는 것은 매우 위험한 일이었습니다. 그런데도 산옥사에서 2천 명 규모의 사냥 모임이 열렸다는 역사적 기록도 있습니다. 도사야마에서 최초로 외지인을 받아들인 건 이 '권획대간친회(巻狩大懇親会)'**라는 모임에서 그 유래에서 찾을 수 있습니다.

또한 도사야마에는 학교·가정·지역이 힘을 모아 교육하는 사학일체(社學一體)교육 풍토가 이어지고 있습니다. 산옥사를 중심으로

---

* 오베르쥬 도사마야(http://www.orienthotel.jp/tosayama).
** 도사야마산촌사 편집위원회 편. 1986. 『도사야마 산촌사』.

로컬의 발견

오베르쥬 도사야먀 외관

한 정치 모임이 그대로 청년 학습으로 이어져 정착한 것입니다. 이런 교육 전통은 지역에서 장소를 옮겨가며 마을 각지에 야학회라는 정기 학습회로 이어졌습니다.

다이쇼 시대*에는 야학회 전통을 이어받아 청년훈련소와 여자실업보습학교 등이 열렸고, 쇼와 시대**에는 청년단에 의한 학습 활동으로 도사야마 청년학급이 시작되었습니다. 이러한 시책이 성과를 보여 1963년에는 문부성으로부터 표창도 받았습니다. 사학일체교육의 흐름은 현대에도 계승되어 2015년 4월 초중통합교·도사야마

---

*다이쇼(大正) 시대는 1912-1926년까지이다. (역주)
**쇼와(昭和) 시대는 1926-1989년까지이다. (역주)

도사야마 '사학일체교육거점' 비석

학사가 개교했습니다. 지역에 관해 배우는 도사야마학, 영어 교육, ICT 교육 등 독창적인 교육으로 도사야마 지역 내외에서 아동·학생들을 받고 있습니다.

도사야마 지역이 소중히 여겨온 사학일체교육 역사로부터 형성된 야학회를 도사야마 아카데미가 지역적 매력을 더해 색다르게 부활시킨 것입니다. 지역 주민뿐만 아니라 저 같은 외지인도 참가할 수 있습니다. 조용한 도사야마의 밤에 환하게 빛나는 오베르쥬 도사야마에서 현대의 야학회가 열리는 것입니다.

가마쿠라로부터 들은 도사야마 근대사는 지역 내 힘든 일을 행정기관에만 의존하지 않고 지역 주민 스스로 협력하여 해결하는 과정

로컬의 발견

의 연속이었습니다. 오베르쥬가 있는 히가시가와 지역과 나카기리, 구만가와 세 개 지역을 아울러 나카가와라고 부르는데 이들 지역에서는 초등학교 통폐합을 계기로 과소* 문제해결을 위해 주민 주도로 지역 만들기를 시작했다고 합니다.

1991년 매실 축제 개최를 시작으로 지역에 활기를 불어넣는 활동이 계속 만들어지고 있습니다. 야학회가 열린 오베르쥬 도사야마도 외부 개발자에게 따로 맡기지 않고 지역 주민이 지혜를 모아 만든 곳입니다. 지역에서 '나카가와를 좋게 만드는 모임'을 스스로 조직하고, 마을 만들기 기획자의 지원을 받으며 몇 차례 워크숍을 개최한 결과, 오베르쥬 도사야마를 중심으로 한 마을 경영 방식을 만들었습니다.

건축가와 디자이너 등 전문가의 손을 빌리되 '우리가 할 수 있는 것은 스스로 해보자'는 의지로 오베르쥬 도사야마 콘셉트를 만들고, 주변 환경정비나 근처에서 열 수 있는 이벤트를 기획했습니다. 1998년 오베르쥬 도사야마는 나카가와와 도사야마뿐만 아니라 고치현의 기대를 한 몸에 받아 만들어졌습니다. 지산지소(地産地消)** 를 기본 원칙으로 제철 식자재를 사용하며 시계와 TV 없이 편히 쉴 수 있는, 지금도 인기가 많은 온천 숙박 시설입니다.

구 도사야마촌은 정부가 고향창생사업(1988-89년)의 하나로 지

---

* 자주 쓰는 표현은 아니지만 '과소(過疎)'란 ① 너무 성김 ② 어떤 지역의 인구 등이 너무 적음을 의미한다. 일본에서는 ②의 의미에 더하여 이로부터 파생되는 정치·경제·사회 문제 등을 포괄하는 용어로 '과소'라는 용어를 사용한다. (역주)
** 지산지소는 지역의 생산물을 지역 내에서 소비한다는 의미이다. (역주)

방에 지급하는 교부금 1억 엔을 독창적으로 사용했습니다. 많은 지자체가 기념물이나 공공건물을 만드는 데 몰두했지만 도사야마촌은 예산 대부분을 지역 활성화를 위한 연수비로 사용했습니다. 국내외를 가리지 않고 지역 진흥에 도움 되는 지역을 찾아가 배워왔습니다. 그 결과 매실 축제와 오베르쥬 도사야마 등 '지역 주민이 하나가 되어 고민한다'는 콘셉트의 기획이 나온 것입니다. 공금 사용 방법에도 사학일체교육 전통이 강하게 이어지는 것입니다. 그 옛날부터 지역이 다 함께 '월경적 학습*'을 시행해온 것이 놀랍습니다.

일회성 이벤트를 지양하는
지역과 배움 디자인

도사야마 아카데미는 도사야마의 강점을 살린 교육 사업을 목표로 2011년 설립했고 2012년 비영리법인이 되었습니다. 요시토미가 사무국장이 되고부터는 행정기관 위탁 사업과 연수 사업을 하고 있으며 경계 없는 놀이와 배움, 배우는 방식을 배움, 어른들의 재능 유희를 미션으로 지역문제를 자원으로 삼아 사업을 진행하고 있습니다.

도사야마 아카데미 멤버는 지역 주민, 사무국은 외지인으로 구성했습니다. 지역자원의 독창성, 그 자원을 당연한 것이 아닌 특별한

---

*월경적 학습(cross boundary learning)은 직장을 떠나 전혀 다른 환경에서 일하는 체험을 하며 새로운 관점 등을 배우는 학습 방식을 의미한다. 타사 유학, 사외 유학이라고도 부른다. 구체적인 예로는 회사 밖에서 진행되는 학습회, 워크숍, 비즈니스 스쿨이나 사회인 대학 수강, 봉사활동, 워케이션 등이 있다. (역주)

계단밭에서 나가시 소멘을 즐기는 참가자

것이라 느끼는 사람들이 함께 운영한다는 자체가 흥미롭습니다.

도사야마 아카데미는 지역문제 해결 과정을 배움으로 연결하는 방식으로 진행합니다. 예를 들어 '세계 최고 속도!? 가가미카와 원조

나가시 소멘* 도전' 이벤트는 대나무 숲 정비를 위해 대나무로 뭔가 해보고 싶다는 아이디어에서 시작했습니다. 처음에는 그저 '나가시 소멘을 해볼까' 정도의 구상이었는데, 경사면 계단밭 위에 있는 도시오(利雄)의 집에서 국수를 흘려보내면서 먹으면 재밌겠다는 장난스러운 발상이 더해졌고 결국 신문에 이벤트를 알려야겠다는 상상으로 이어졌다고 합니다.

물론 상상만으로 끝난 것이 아닙니다. 실제로 실행하기 위해 서로 할 수 있는 것을 찾는 작업이 이어졌습니다. 도사야마에서도 급경사 계단밭이 많은 다카가와지구에서 지역 축제를 열어보고 싶다던 지구장의 말을 기억해낸 요시토미는 서로 윈윈할 수 있는 '세계 최고 속도, 나가시 소멘' 이벤트를 제안했습니다.

처음에 주민들은 '과연 사람이 올까'라며 반신반의했지만 요시토미는 계속 이벤트를 디자인했습니다. 이벤트를 위해 물체의 움직임을 연구하는 유체역학을 응용하고 싶어서 항공 회사 엔지니어까지 찾아갔습니다. 어른들의 진정한 재능 유희이며 경계 없는 놀이와 배움의 시도라는 생각이 듭니다. 그저 지역의 작은 이벤트로 마무리될 법한 이벤트를 그렇게까지 열심히 추진하는 모습을 보고 지역 주민들도 "저 계단의 세 번째 밭주인은 우리 사촌이니까 따로 당부해야겠다", "저기는 땅주인한테 술이라도 건네면서 부탁하면 사용을 허락해줄지도 몰라"라며 구체적인 협력과 조언을 해주었습니다.

---

*나가시 소멘은 반쪽으로 쪼갠 대나무를 잇고 그 안에 물과 소면을 흘려보내면 옆에 서 있는 사람들이 내려오는 소면을 중간에 젓가락으로 집어 먹는 놀이이다. (역주)

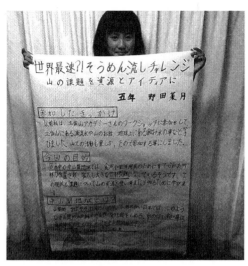

나가시 소멘에 관해 자유 발표하는 어린이

이벤트 후에는 마을 정기 소식지 《도사야마 아카데미 통신》에 소식을 실었습니다. "와, (나가시 소멘 장치 길이가) 14㎞나 된다고?" 하는 놀라운 반응을 보고 더 신이 나서 "다음에는 꼭대기에서 물을 끌어오는 게 어떨까", "대나무 마디 때문에 속도가 느려지니까 뭔가 더 궁리할 필요가 있어" 등 새로운 아이디어들이 속출했습니다. 물론 이 이벤트는 다음해에도 열렸습니다.

유체역학 수업을 들어도 이해하기 어려운 내용을 실제로 구현한 것입니다. 이 이벤트는 오히려 순서가 반대입니다. 속도가 특징인 나가시 소멘을 경험하면서 방치된 대나무 숲 문제와 유체역학까지 흥미를 갖게 한 것입니다. 이벤트가 끝났는데도 여름방학 과제로 나가시 소멘을 계속 다뤄보고 싶다며 공부하는 어린이도 있었습니다.

'배우는 방법을 배움'이라는 게 이런 것이겠지요.

결과적으로 이 이벤트는 단순히 나가서 소멘을 넘어서 지역, 소통 그리고 물리를 배우는 이벤트로서 매년 성장하고 있습니다. 요시토미는 "언젠가 인간 새 콘테스트나 로봇 콘테스트처럼 전국에서 모이는 콘테스트를 만들고 싶다"라며 농담 섞어 말합니다.

지역에 흥미를 갖는 어린이를 키우다

도사야마 아카데미는 행정기관과 함께 배움의 장도 제공합니다. '숲속 어린이 회의'는 고치현 교육위원회와 도사야마 아카데미가 제공하는 차세대 리더 양성 프로그램입니다. 여기에도 요시토미의 프로그램 디자인 능력이 숨겨져 있습니다.

도사야마 아카데미는 기업을 대상으로 지역자원 활용 연수와 자연 속에서 대화하는 장을 제공합니다. 참가자에게 자신의 가치관과 규칙을 조금은 자연의 흐름에 맡겨보기를 강조합니다. 이분법적 논리 갈등 속에서 결정하기 어려운 일을 많이 겪는 기업의 일과 달리 자연에서 물은 반드시 높은 곳에서 낮은 곳으로 흐르고, 바다와 강에서 증발한 수분은 비가 되어 다시 바다와 강으로 돌아옵니다. 도사야마 아카데미는 연수를 통해 사고방식과 행동을 자연에 맡기면 더욱 일이 쉬워질 수 있음을 경험하도록 돕습니다.

숲속 어린이 회의에 참여하는 어린이에게도 '자연에 맡겨라'고 강조합니다. 세상은 하나의 세대로 이루어지지 않습니다. 활기찬 초

등학생은 때로는 말만 잔뜩 하고 끝나버리는 일도 있습니다. 가운데 낀 중고생은 얼마 전까지 초등학생 입장이던 자신을 돌아보고, 나중에는 대학생 입장에서 생각하지 않으면 안 된다는 책임감을 느끼며 참가합니다. 또한 이 프로그램을 위해 넓은 장소를 제공해주는 나미오(ナミオ)는 90대입니다. 그 외에도 여러 어른이 참여합니다. 이렇게 여러 어른을 끌어들이면서 모두 함께 프로젝트를 이어가는 것도 세대를 포용한 배움을 심화해가고자 하기 때문입니다.

"왜 사람들은 산에 오지 않을까". 어느 해에는 어린이들이 이 문제에 몰두했습니다. 회의 끝에 나온 결론은 "산에 올 이유가 없기 때문이다"였습니다. 그렇다면 산에 올 이유를 만들어보자며 나미오가 제공한 토지(일명 나미오 하우스 대지)에 대형 그네를 세워보기로 했습니다.

원래 나미오의 토지였지만 양계 농민에게 빌려주었던 곳입니다. 그분들이 돌아가신 후 나미오가 땅을 되돌려 받고 보니 폐목과 쓰레기 천지였습니다. 나미오의 이런 사정을 듣고 도사야마 아카데미는 토지문제를 지역문제로 삼아 기업 연수에 활용하기로 했습니다. 대기업과 행정기관 직원들이 찾아와 나미오 하우스 철거 작업과 폐자재 활용 등에 대한 아이디어를 내서 지금은 번듯한 땅이 되었습니다. 저도 처음에 도사야마 아카데미에 견학을 왔을 때 나미오 하우스를 방문한 적이 있는데, 정리하기 전후 상태가 도저히 같은 곳이라고는 믿기 어려웠습니다.

대형 그네는 당연히 어린이들의 힘만으로는 만들지 못합니다. 대

나미오 하우스 터에 세운 대형 그네

나무 숲 주인과 협의를 시작으로 대나무 베기, 가공, 엮기, 유사 지역 사례 찾기 등을 하기 위해 각 지역에 전화하여 어른들과 일정 조정을 하고 견적을 받았습니다. 이 과정에서 프로젝트에 원래 참여하지 않았던 어른들도 끌어들일 필요가 있었습니다.

그렇게 반년간 준비해서 높이 약 8m의 거대한 대나무 그네를 완성했습니다. 지역문제를 학습 주제로 삼아 체험에 그치지 않고 함께 협력할 사람을 이끄는 리더십까지 배운 경험이었습니다.

이외에도 도사야마 아카데미는 지역 초중통합교·도사야마학사와 연계하여 도사야마학이라는 수업을 진행합니다. 수업에 참여한 어린이들은 지역을 조사하고 회사까지 만들면서 지역자원을 깊이 배워갑니다. 어린이들은 이 모든 일에 늘 진지하게 임하고 있다고 요시토미는 말합니다.

요시토미는 이러한 프로젝트를 '회귀 가다랑어 교육'이라고 부릅니다. 회귀 가다랑어는 초봄에 태평양으로 북상한 가다랑어가 가을에 살이 통통한 상태로 돌아오는 것을 일컫는 말입니다. 일본 가다랑어 소비량이 최고인 고치현과 연관 지어 만든 말입니다. 지역자원을 조사하고 그것을 활용하여 물건과 서비스를 만드는 경험은 반드시 체험한 사람에게 남습니다. 진학과 취직을 계기로 한때는 고치를 떠나는 청년들이 많지만 언젠가 고향이 생각나 '고향에 돌아가자'고 생각할 수도 있습니다. 그런 청년들을 지금부터라도 키우는 것이 도사야마의 사명일지도 모릅니다.

땅 의 사 람 , 바 람 의 사 람 , 물 의 사 람 : 지 역 에 사 람 이 순 환 하 는 장 치 를 만 들 자

요시토미는 고등전문학생 때 로봇 콘테스트에 나간 적이 있습니다. 문과 전공인 저는 로봇 콘테스트에 나가는 것 자체가 대단한 기술을 가진 것이라고 생각했습니다. 그런데 요시토미는 그렇지 않다며 "고등학생 수준에는 수업에서 배운 것 이외에는 할 수 있는 게 없고 아는 것도 별로 없습니다. 그래서 로봇 콘테스트에 나가기 위해 공장 아저씨와 친하게 지내며 어떻게 배울 수 있을까를 궁리했습니다"라고 합니다.

이렇게 선생님과 공장 아저씨들에게서 배우며 로봇 형태가 점점 구체적으로 잡히니까 이길 수 있겠다는 희망이 생겼다고 합니다. 과정을 경험하면 의욕도 높아지게 마련입니다. 그런 학창 시절 경험은 도사야마 아카데미의 배움과 놀이 디자인에도 그대로 반영되어 있습니다. 요시토미는 제게 한 장의 프로세스 맵을 보여주었습니다.

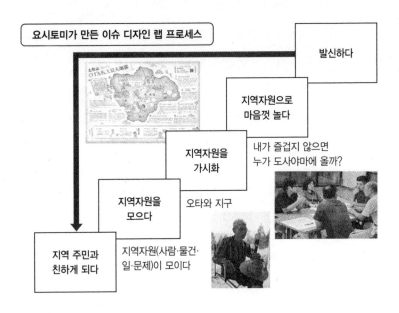

지역에서 뭔가를 하려면 우선 지역 주민과 잘 지내야 합니다. 지역자원은 지역 주민이 제일 잘 알고 있기 때문이지요. 지역자원을 사용하고 지역의 장인을 소개받기 위해서도 우선 지역 주민과 자주 상

담하면서 서로에게 이익이 되는 지점을 함께 찾는 것이 중요합니다. 그런 과정에서 지역 주민들은 "저 산을 사용해도 좋아요", "저 빈집을 마음대로 써도 괜찮아요"라며 많은 '괜찮아요'를 제공해주게 됩니다.

그런 공유 반복 과정을 통해 도사야마 아카데미는 지역에 존재하지만 관심받지 못했던 지역자원의 가치를 발굴하고 있습니다. 도사야마는 가가미강의 발원지입니다. 강의 발원지를 보고 싶다며 일부러 찾아오는 사람도 있지만 상류 지역은 관광지로 정비되지 않은 상태입니다. 주민들이 안내할 수 있지만 안내해줄 주민을 찾는 것도 쉬운 일은 아닙니다. 그래서 도사야먀 아카데미는 지역 매력을 발굴해서 발원지 간판을 만들어보자는 해결책을 제시했고, 이를 실행에 옮기기 위해 발원지 지점 확인, 관할 기관 문의 등을 했습니다.

요시토미는 언제나 이벤트와 프로그램의 모든 내용이 신문에 실릴 것을 가정하며 일합니다. 그 자체만으로도 많은 분이 활동에 흥미를 갖고 주목하게 하며, 지역 주민들 역시 활력을 느끼게 됩니다. 지역 주민과 도사야마 아카데미와의 신뢰가 형성되고 다양한 아이디어가 모이는 원동력이 마련되는 순환과정이 이루어지는 것입니다.

요시토미는 지역에 원래 살고 있던 토착민을 땅의 사람, 외지인을 바람의 사람이라 부릅니다. 그들이 서로 만나 지역 분위기가 더욱 풍요롭게 된다고 생각합니다. 그리고 요시토미와 도사야마 아카데미 멤버는 물의 사람이 되어 바람과 땅을 연결해주는 역할을 합니다. 요시토미는 지역이 살아남기 위해서는 (지역문제 포함) 지역자원,

물의 사람 그리고 아이디어가 필요하며 지역문제에 대한 표현력이 매우 중요하다고 강조합니다.

중산간에 과소화지역으로 교통도 매우 불편한 이곳이 다른 관점으로 보면 '최첨단'인 것입니다. 없는 것에만 집중할 게 아닙니다. 문제도 자원으로 만들 기회는 도시에서는 좀처럼 발견하기 어렵습니다. 그래서 이 지역에 직접 와서 보고 실감해봐야 좋은 경험이 됩니다.

요시토미는 "저 스스로 즐기지 않으면 여기에 누구도 오지 않으리라 생각해요"라며 스스로 즐기는 것이 제일 중요하다고 말합니다. 요시토미는 앞으로도 즐기는 마음으로 지역문제를 발견하고, 땅의 사람과 바람의 사람을 끌어들이면서 매력 있는 지역 만들기를 이어가겠지요. 우리가 이런 도사야마에 '일부러' 찾아가 보는 것만으로, 지역과 유연하게 이어지는 것이고 지역은 매우 활기차게 될 것입니다.

제6장

어린이 교육을 통한 지역 활성화 / 요코하마 프로그래밍 교육

야마다 진코

(山田仁子)

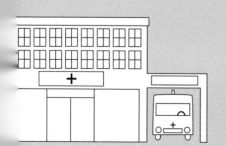

2016년 3월 7일, 퍼시픽 요코하마국립대 홀에서 학교법인 이와사키학원(이하, 이와사키학원)의 교육성과 발표회가 있었습니다. 이날 이와사키학원 정보과학전문학교 학생 세 명이 발표했습니다. 이 팀은 요코하마의 초등학생들에게 로봇 프로그래밍 강의를 해온 것으로 멋지게 최고상을 받았습니다.

수상 학생은 ICT 교육을 해보니 어린이들은 로봇이나 ICT에 대한 거부감이 없는데 대학생이나 어른들은 ICT에 대해 거부감이 있는 것 같다고 했습니다. 그래서 우선 어린이들에게 신기술 경험의 즐거움을 실감하게 하고 싶었다고 합니다. 그러면 어린이들이 어른과 초등학교, 중학교 선생님들에게 이 즐거움을 전해줄 수 있기 때문입니다. 그런 과정을 통해 어린이와 어른의 ICT에 대한 의식을 바꾸고 싶었

이와사키학원 교육성과 발표회

다고 소감을 말했습니다.

이 글에서는 가나가와현 요코하마시 이와사키학원 정보과학전문학교 학생들이 진행한 지역 초등학생 대상의 ICT 교육을 소개합니다. 저는 이와사키학원 정보과학전문학교의 교직원입니다. 초등학생에게 ICT 교육을 하기 위해 모두 밤늦게까지 남아 즐겁게 교재와 수업 준비를 하던 학생들의 모습을 유리창 너머로 본 적이 있습니다. 수업이 없는 토요일에도 아침 일찍부터 모여 즐겁게 초등학교로 향하는 것을 보며 '무엇이 이들을 저렇게 노력하게 했을까' 궁금해졌고, 그러다가 교육성과 발표회에서 발표를 듣게 되었습니다. 교육은 어른이 하는 것이라는 인식이 강하지만, 이 글에서는 학생에 의한 학생다운 교육을 소개하고자 합니다.

요코하마와 이와사키 학원

1927년 여성의 사회 진출이 그다지 활발하지 않던 시대에 이와사키 하루코(岩崎春子)는 요코하마에 '잘 돌보는 교육'을 모토로 요코하마 양재전문여학원(현 요코하마 칼리지)을 세웠습니다. 학교 설립 후 1949년 일본무역박람회에서 패션쇼를 개최하는 등 주체성을 키우는 교육을 실천했습니다.[*]

이후로 90년을 넘게 늘 시대 흐름을 정확하게 파악하고 지역사회

---

[*] 学校法人岩崎学園. 1989. 『Haruko Iwasaki photo essay & biography Iwasaki』; 学校法人岩崎学園. 2008. 『80th ANNIVERSARY IWASAKI GAKUEN』.

초창기 학교 건물(1927년)

의 필요에 맞는 교육 환경을 제공해왔습니다. '풍부한 인간성과 높은 전문 기술을 겸비한 인재를 사회로'라는 이념으로 각 분야의 전문가를 양성했습니다.

지금은 ICT, 패션, 디자인, 재활, 보육, 의료, 간호 전문학교 교육을 중심으로 대학원 교육(정보보안대학원 대학)과 보육원·유치원·방과 후 학교 등 폭넓은 육아 지원 활동도 실시하고 있습니다. 또한 문화 사업으로 이와사키학원 박물관 건립, 재취업 지원 훈련과 비영리법인 활동 등도 하고 있습니다.

요코하마에 있는 이와사키학원은 가나가와현과 포괄 협정을 맺어 지역사회 문제에 대해 지자체와 민간기업 등이 서로 강점을 살려 협력하면서 문제를 해결하기 위해 노력하고 있습니다. 가나가와현

설립 당시의 수업 풍경(1927년)

에서 개최하는 스포츠 대회에도 참가하고, 고령자와 육아 지원, ICT
와 정보 보안 관련 세미나와 수업 실시, 요코하마 고속철도가 운영
하는 미나토미라이선 유니폼 디자인 등 여러 분야에 걸쳐 다각적으
로 협력하고 있습니다.

2018년 총 41건에 약 800명의 학생이 협력 활동에 참여했습니다.
또한 그들의 활동은 대중매체와 지역 정보지, 인터넷 매체에도 160
건이나 소개되었습니다.

각 학교에서 실시하는 산학 연대 프로젝트 등 성과를 발표회에서
공개합니다. 이 기회를 통해 이와사키학원 학생 하나하나가 배움을

심화하고 성장하며, 사회로 진출하여 널리 사회에 공헌하기를 바라는 것입니다. 즉 발표회 자체가 지역 학교가 지역사회와 연결되는 성과를 공개하는 장인 것입니다.

이 글에서 소개하는 학생들이 속한 정보과학전문학교는 1983년 가나가와현 최초의 정보 전문학교로서 정보산업 인재를 육성하고 있습니다. 최첨단 ICT에 논리적 사고력을 몸에 익힌 많은 ICT 인재를 배출하고 있습니다.

어린이 프로그래밍 교육

2020년부터 초등학교에서 프로그래밍 교육이 필수과목이 되었습니다. 문부과학성은 프로그래밍 교육을 통해 익힐 수 있는 사고력을 '프로그래밍적 사고'라고 부릅니다. 학습지도 요령 해설에서는 프로그래밍적 사고를 "자신이 의도하는 일련의 활동을 실현하기 위해 어떤 움직임의 조화가 필요하고 하나하나의 움직임에 대응하는 기호를 어떻게 조합해야 좋을지, 기호의 조합을 어떻게 개선해야 의도한 활동에 더욱 근접할 수 있는지에 대해 논리적으로 생각하는 힘"이라고 소개합니다.[*]

초등학교 프로그래밍 교육 고문을 맡은 스즈키 히데토(鈴木英人) 교사는 프로그래밍적 사고에 관해 요리를 예로 들어 설명했습니다.

---

[*] 文部科学省. 2018. 『小学校プログラミング教育の手引』(제2판)

"카레를 만들 때 채소를 넣기 전에 루는 넣지 않지요. 또 물이 끓기 전에 루를 넣지도 않습니다. 이처럼 순서를 생각하면서 일을 진행하면 최종적으로 순서가 확정됩니다. 완성에 이르는 순서를 생각해가는 것이 프로그래밍적 사고가 되는 것입니다. 일을 생각할 때 처음에는 벽에 부딪힐 수도 있지만 역으로 생각하면 해결되는 일도 많습니다.

이 교육은 그룹 단위로 실시하기 때문에 다른 사람의 의견도 듣고 자신의 의견도 말하는 과정에서 팀워크를 통해 상대를 배려하고, 친절히, 감사하는 마음을 몸에 익히게 됩니다. ICT가 앞으로 더욱 발전한다 해도 인간만이 할 수 있는 일이 있고 그 토대를 만드는 곳이 초등학교입니다."

그러나 실제로는 가르칠 교사가 부족한 것이 현실입니다. 그래서 초등학생에게 프로그래밍 교육을 하여 ICT에 대한 의식을 바꾸고 싶다며 정보과학전문학교 학생 23명이 나섰습니다. 빠르게 변화하는 시대에 대응하기 위해서는 문제해결 능력이 필요합니다. 여기에 초등학교 교사와 기업의 지원이 이어져 이 교육이 시작되었습니다.

초등학교 프로그래밍 교육 워크숍은 분위기 완화, 강의, 실습, 발표 4단계로 진행합니다.

1) 분위기 완화
한 명의 학생이 세 명의 어린이를 가르치는데 처음에 어린이들은

형·누나들을 보고 긴장하기 마련입니다. ICT의 즐거움을 느끼려면 우선 그런 긴장과 불안을 없애는 것이 중요합니다. 그래서 학생은 자신의 애칭을 알려주고 어린이들이 편하게 부르도록 하고 또한 학생은 어린이 이름을 불러줍니다. 그런 식으로 서로 격 없는 편한 분위기를 만들어갑니다.

2) 강의

다음으로 강의 수업에서는 어린이가 알기 쉽게 표와 영상을 사용하여 로봇과 프로그래밍에 대한 기본 지식을 전하고, 능동적 학습을 유도합니다. 어린이가 이미지로 쉽게 상상할 수 있도록 유명 로봇 사례를 소개하고 많은 사회문제 해결에 로봇이 도움 된다는 사실을 알려줍니다.

3) 실습

어린이가 스스로 교과서를 읽으면서 로봇을 제작해봅니다. 프로그래밍하여 로봇을 조립하고 움직여봅니다. 단, 실제로 어린이가 로봇을 직접 작동시키는 것은 어려울 수 있으므로 학생들이 기술 조언과 여러 방식의 지원을 합니다. 그 과정을 통해 어린이의 능동적 학습을 실현하고, 어린이가 로봇 제작과 프로그래밍을 즐거워하도록 지원합니다.

4) 발표

어린이가 자신 주변의 문제를 로봇으로 해결할 아이디어에 대해 생각해봅니다. 그리고 그 아이디어대로 로봇을 만들어 그 과정과 결과물에 관해 직접 발표합니다. 이는 스스로 발견하고 설정한 문제에 대한 해결 능력을 몸에 익히는 것이 목적입니다. 또한 발표를 통해 주변 사람들에게 인정받고 자존감과 도전 정신을 높이게 됩니다.

교육 준비

학생들은 '주입시킨다'라는 생각이 ICT 학습에 방해된다고 여겨 아이들이 직접 배우고 만들 수 있는 워크숍을 구상했습니다. 교재 만들기·기술 학습회·서포트 학습회도 진행했습니다.

1) 교재 만들기

우선 학생들은 실제 수업에서 사용할 교재를 제작했습니다. 순서대로 로봇을 제작하는 것만으로 문제해결 체험이 가능하도록 기획했습니다. 또한 어린이들이 이해하기 쉽게 어려운 한자 사용은 피하고 사진을 보면서 감각적으로 만들 수 있게 했습니다. 그리고 초보자들이 이 교재를 사용한 피드백을 받아가며 계속 내용을 개선했습니다.

2) 기술 학습회

다음으로 기술 학습회를 했습니다. 로봇을 만들 때 오류가 나서

교재 만들기

움직이지 않으면 어린이들의 학습 욕구가 저하될 수 있으므로 신속
하게 옆에서 도와줘야 합니다. 그러기 위해 학습회를 열어 기술을 몸
에 익히고 틀리기 쉬운 점을 모두와 공유했습니다. 덕분에 실제 작업
에서는 어린이들에게 빠르고 정확한 지원을 할 수 있었습니다. 학생
들은 움직이는 로봇을 보고 즐거워하는 어린이들의 모습을 보면서
즐거운 학습 경험은 이런 것이구나 하고 느꼈습니다.

3) 서포트 학습회

마지막으로 서포트 학습회입니다. 불안을 느끼면 ICT를 즐겁게
배우기 어려우므로 어린이들과의 소통 방법을 몸에 익히는 학습회
를 열었습니다. 또한 불안해하는 어린이가 있으면 이름을 불러주며
눈높이를 맞추고 웃는 얼굴로 대했습니다.

기술 학습회

이처럼 워크숍을 운영할 때 기획 회의와 운영, 반성회와 학습회를 반복했습니다. 모두가 흥미를 느끼도록 개개인의 성향에 맞게 지원했습니다. 흥미를 느끼지 못하면 무리하지 않고 즐길 수 있도록 계속 칭찬하며, 자신감을 느끼도록 독려했습니다.

발표회에서 멤버 중 한 명인 유키 마나(結城真菜)를 복도에서 마주쳤을 때 발표회에서 받은 상금 60만 엔을 어떻게 했는지 물었더니 프로그래밍 학습 키트를 샀다고 했습니다. 상금을 나눠도 한 사람당 3만 엔 정도밖에 안 되니까 (나눠 갖지 않고) 아이들이 더 즐겁게 로봇을 만들 수 있도록 학습 키트를 사기로 했다는 것입니다.

저는 실제 수업도 견학해보았습니다. 모두 같은 티셔츠를 입은 아이들이 자기소개를 했고, 아이들을 지원하는 학생들은 자신의 애칭

로컬의 발견

을 알려주며 서로 즐거워했습니다. 어린이들은 점점 집중하면서 강의에 몰입했는데, 그런 모습을 보며 놀랐던 것은 가르치는 학생들의 표정이었습니다.

학생들은 눈높이를 맞추기 위해 무릎을 꿇고, 아이들 옆에서 웃는 얼굴로 열심히 가르쳤는데 그 모습이 매우 적극적이었습니다. 쉬는 시간에는 예전에 수업을 들은 어린이들이 놀러 와서 학생들의 애칭을 부르며 친근하게 노는 광경도 보았습니다.

이렇게 밝은 수업 분위기는 어떻게 형성된 것일까요. 그 이유를 이 팀의 리더인 곤도 게타(近藤景太)에게 물어보았습니다.

교 육 시 작

이 교육팀의 초대 대표인 곤도(애칭은 쟈스민)는 중고등학생 때부터 '사람을 구해주고 싶다, 사람을 돕고 싶다'는 마음이 강했다고 합니다. 원래 대학에서 약학을 전공했지만 좀 더 밀접하게 커뮤니케이션을 할 수 있는 일을 하기 위해 진로를 변경했습니다. 그 과정에서 ICT가 앞으로도 주목받게 될 것이라는 정보도 들었습니다.

당시는 스마트폰이 보급되기 시작한 무렵이라 뭔가 미지의 물건을 사용하고 있다는 느낌을 가질 때였습니다. '혹시 스마트폰에 문제가 생기면 개인정보가 유출되지 않을까. 지금까지 애니메이션이나 TV에서만 나왔던 미래 세계가 본격적으로 가까워지고 있네. 그

학생과 어린이들의 즐거운 대화

런 세계에서는 분명 사람 생명에 관련된 일도 일어날 것 같아'라고 생

각했습니다. 그런 시대에는 자신도 뭔가 할 수 있을 것 같다고 생각

로컬의 발견

해 정보 보안을 배우려고 정보과학전문학교에 입학했습니다.

입학했을 때만 해도 ICT 지식도 부족했고 컴퓨터 조작도 서툴렀습니다. 독수리 타법으로 겨우 컴퓨터를 만지는 수준이었습니다. 그래도 열심히 공부하여 자격증을 따며 ICT를 익혔습니다. 학교에는 공모전에 지원하는 학생들이 많았습니다. 반면 곤도는 기술력을 높이려고 이 학교에 입학했지만, 진짜 하고 싶었던 것은 사람과 소통하며 그들을 도와주는 일이었다고 합니다.

2학년 초 도쿄의 회사가 인턴을 모집했습니다. 대학생과 전문학교 학생이 전국 고등학생을 대상으로 여름방학에 5일간 프로그래밍을 교육하는 내용이었습니다. 곤도는 경쟁률 높은 기업 면접을 통과하여 참가했고 거기에서 중고생과 친하게 지내는 커뮤니케이션 기술을 배웠습니다.

인턴을 마무리하던 2학년 여름에 스즈키 선생님이 초등학생 프로그래밍 교육을 추천해주었고 곤도도 이 제안을 받아들였습니다. 교육 담당 멤버들은 스즈키 선생님이 모았는데, 곤도가 교육에 대한 열정을 이야기했을 때 그들의 반응은 매우 미온적이었습니다.

활동 내용 자체는 정해져 있었기에 곤도는 각자 역할을 분담하고 해야 할 내용을 이론적으로 설명했습니다. 한 사람 한 사람에게 자연스럽게 생각을 전하며 상대를 알기 위해 노력했습니다. 그 결과 점점 모두의 의지가 통일돼가는 것을 느꼈습니다. 당시 멤버들은 "곤도는 열정적이고 말이 많아"라는 말을 자주 했다고 합니다.

멤버들은 활동을 반복하는 과정에서 "곤도가 말하는 것을 이해할

어린이와 하이파이브하는 학생

수 있게 되었다"라고 말합니다. 실제로 아이들을 상대하는 것은 어려우므로 반복하여 시뮬레이션해보고, 그 과정에서 느낀 것과 생각한 것을 이야기하며 문제를 발견했습니다. 그러고 그것을 해결한 후다음 단계로 넘어가는 방식으로 진행했습니다.

또한 어린이에게 '가르친다'고 하면 아이들이 즐거워하지 않을 수있기에 '교육시킨다'에서 '시킨다'의 의미를 없애는 것에 특히 마음 썼습니다. 가르치는 사람들인 자신들을 선생과 친구의 중간 정도로여기게끔 하려고 노력했습니다. 그래서 자신의 위치를 '멘토'로 하고'멘토의 마음가짐 10가지'도 작성했습니다.

워크숍을 이어가면서 점점 멤버들은 능동적으로 변해갔습니다. 곤도는 "학교 환경은 수동적이기 때문에 자신들이 자발적으로 움직이는 것이 중요하다. 이 활동은 즐거움만이 아니라 스스로 자신이 생각하여 실천하길 바란다"라고 강조했습니다. 그 결과 어린이들로 부터 "재미있었다. 형, 누나와 잘 놀았다"라는 말을 들을 수 있었습니다. 이런 말들이 보람되었고, 또한 멤버 전원이 목적을 달성할 수 있었습니다.

당시 요코하마에서는 이런 식의 교육을 시행하는 곳이 거의 없었습니다. 이 활동을 넓혀가고 싶다고 생각한 한 멤버가 자신의 모교 초등학교에서 해보고 싶다는 제안도 했습니다.

멘토 교육과 모교의 교육

이가라시 유야(五十嵐 湧也, 애칭은 이가짱)는 1학년 10월경에 초등학생 프로그래밍 교육을 했습니다. 이전부터 모교의 초등학교 교장 선생님과 알고 지내서 직접 프로그래밍 교육을 제안했습니다. 스즈키 선생님과 함께 교장 선생님에게 교육에 관해 설명했고, 혼자 학교 주임 선생님과 상의하며 다른 멤버와 함께 선생님들을 대상으로 모의 수업도 해보았습니다.

모교에는 여동생도 있었기 때문에 여동생이 "뭐하러 오는 거야?" 라고 물어보기도 했습니다. 이 교육은 멘토가 매번 달라지기 때문에 멘토의 역량이나 경험도 다릅니다. 그래서 멘토에 대한 사전 교육이 중요합니다. '멘토의 마음가짐 10가지'를 참고하여 표정 밝게 하기, 아이들에게 눈높이 맞추기, 몸 전체로 표현하기, 배려하기 등을 강조했습니다.

어린이를 대할 때는 반응을 세심하게 살피고 상대에 따라 대응 방식을 바꾸는 것이 중요합니다. 멘토의 표정이 시큰둥하면 어린이들은 '우리랑 있는 게 재미없나 봐'라고 생각할 것입니다. 그래서 어린이들 표정을 놓치지 않고 관찰하는 것도 중요합니다. 또한 어린이의 이야기를 듣고 부정하지 않고 수긍하려는 태도도 갖춰야 합니다. 그래서 수업을 마칠 때마다 평가회를 열어 개선 사항을 평가합니다.

모교인 초등학교에서 3일간 진행한 교육은 매우 성공적이어서 교장 선생님도 "학생들의 자신감이 높아지고 자기 의견 발표도 잘하게 되었으며 협력과 주체성도 좋아졌다"라고 평가했습니다. 어머니의 친구로부터는 "왜 5학년만 하나", "다른 학교에서는 안 하나"라는 말을 들을 정도로 호평받았습니다. 이 활동은 학부모회 홍보지에도 실렸습니다.

아래는 발표회 우승 상금 60만 엔으로 구입한 프로그래밍 학습 키트로 제작한 알록달록한 로봇들입니다. 귀엽지요?

초등학생이 제작한 로봇

소통 능력을 높이는 수업

이미 회사원이 된 모리 고이치(森光一, 애칭은 모리코)도 모교에서 프로그래밍 교육을 했습니다. 모리의 어머니가 학교의 지역 코디네이터로 키즈클럽 교사를 했던 적이 있어서 교장 선생님과도 한번 해보자며 의논하여 추진했다고 합니다.

학생들과 어린이들은 10살 정도 차이가 나서 소통이 원활하지 않을 때도 있습니다. 그래서 최대한 잘 소통하기 위해 동네 형 같은 마음으로 대했습니다. 키 차이도 크게 나는데 그 부분에서도 심리적으로 압박을 느끼지 않도록 신경 썼습니다.

어린이들은 반 단위로 활동하기 때문에 협동심과 발표력이 중요하다고 생각했고, 이후의 사회생활에서도 이는 중요한 가치가 되리라고 생각했습니다. 그런 생각으로 어린이와 교사인 학생들의 소통 능력이 향상되도록 노력한 것입니다.

한번은 함께 어린이를 가르쳤던 후배가 같은 회사에 입사한 일도 있었습니다. 그 후배는 일할 때도 어린이를 가르쳤을 때의 친절함이 그대로 묻어나 사회생활에서도 이런 경험이 도움 된다는 것을 보여줬습니다. 주변의 평가도 좋아서 부모님들이 좋은 일을 한다며 칭찬해주시고, 자신은 모교에 대한 애착심도 생겼다고 합니다.

이 교육을 통해 '어린이들의 자존감이 높아졌다'는 평가를 자주 듣습니다. 자존감은 있는 그대로의 자신을 인정하는 것입니다. 현대의 젊은이는 주위와 타인의 평가를 신경 쓰느라 자존감을 높일 기회

어린이와 함께 드론을 조작하고 있는 멘토

가 좀처럼 없습니다.* 따라서 어린이에게 '할 수 있다', '해냈다'는 성취감을 느끼게 하는 것은 매우 중요합니다.** 그래서 이 교육은 단지 ICT 교육에 그치는 것이 아니라 자존감을 높이는 교육이기도 합니다.

게다가 멘토인 학생들도 사명감을 가지고 능동적으로 성장했습니다. 22명으로 시작한 멤버가 100명으로 늘었고 가르친 초·중학생은 약 2,500명이나 됩니다.

이렇듯 지역과 연대할 수 있는 것은 어른들만이 아닙니다. 학생도 어른들을 끌어들여 지역과 연대할 수 있습니다. 그리고 어린이의 성장 또한 지역 발전을 위한 중요한 요소가 됩니다.

---

* 古荘純一. 2009.『日本のこどもの自尊感情はなぜ低いのか』. 光文社.
** 우먼에키(http://woman.excite.co.jp).

제7장

고령자 채용과 배움 네트워크 / 나카쓰가와

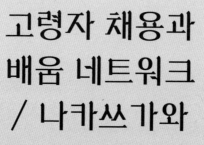

기시다 야쓰노리

(岸田泰則)

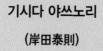

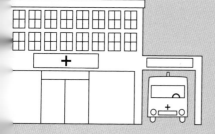

가토제작소 구인 광고

"의욕 있는 분을 찾습니다. 남녀 불문. 단 연령 제한 있음. 60세 이상." 일본 제일의 고령자 채용 기업의 성장은 이 구인 광고로 시작되었습니다. 2001년 기후현 나카쓰가와시의 가토제작소는 신문에 60세 이상 고령자 신규 채용 구인 광고를 냈습니다. 주문이 쇄도하던 시기라 고령자를 채용하여 주말에 공장을 가동하기로 해서입니다. 제3자가 보면 무모해 보일 수 있었지만 오랜 세월이 흐른 지금도 가토제작소는 여전히 고령자를 채용하면서 지역사회에 기여하고 있습니다.

가토제작소를 '일본 최고의 고령자 채용 기업'이라고 평가하는 이유는 주말 고령자 채용 때문만은 아닙니다. 가토제작소는 그 후에도 지역에서 고령자 채용의 중요성을 계속 강조하면서 가토 게지(加藤景司) 사장이 속한 배움 네트워크에서 지역기업에 고령자 채용 노하우를 전수하고 있습니다.

신문에 실린 가토제작소 구인 광고

나카쓰가와와 만남

제가 나카쓰가와라는 지역을 알게 된 것은 2012년 초여름이었습니다. 와코대학*의 가토 이와오(加藤嚴) 교수가 "당신의 연구 주제인 고령자 채용에 딱 맞는 회사를 알고 있어요"라며 가토제작소를 소개해주었습니다. 가토 교수는 와코대학에 채용되기 전에 나카쓰가와에 있는 츄쿄학원대학에 근무하면서 가토 사장과 알고 지냈던 것입니다.

가토제작소를 실제 방문한 건 그해 11월 11일입니다. 나카쓰가와를 둘러싼 에나산과 다카미네야마 산봉우리는 웅장했습니다. 그 날 회의실에서 만난 가토 사장은 만면에 미소를 띠고 있었습니다. 저는 그의 공손한 어투와 성실한 모습에 매료되었습니다.

---

*와코대학은 도쿄 마치다시에 있는 사립대학이다. (역주)

나카쓰가와의 풍경

　나카쓰가와에서 치커리촌을 운영하는 사라다코스모의 나카다 도모히로(中田智洋) 사장에게서도 이야기를 들을 수 있었습니다. 지인이 "나카쓰가와에 간다면 사라다코스모에 꼭 가봐야 해요. 정말 재미있는 곳이거든요"라고 추천해주어서입니다.

　역시 그 말대로였습니다. 시미즈 히로미(清水洋美)의 불교 정신에 입각한 경영 철학, 지역과 농업에 대한 뜨거운 열정, 장대한 발상이 매우 인상 깊었습니다. 저는 그날 일기장에 "두 명의 경영자에게서 인간에게 소중한 것과 사는 방법을 배웠다"라고 썼습니다. 여기에는 직장인 처지에서 지금까지 실천하지 못했던 '지역 공헌'에 대한 부채 의식도 반영되어 있습니다. 그 후 여러 차례 나카쓰가와를 방문하여 취재하면서 많은 것을 배웠습니다.

나카쓰가와는 에도 시대에 나카쓰가와 숙박 시설을 중심으로 형성된 숙박거리에서 발전했습니다. 지금의 나카쓰가와시는 나카쓰가와 쥬쿠, 오치아이 쥬쿠, 바로 쥬쿠라는 세 개 지역이 합병되면서 생긴 지역입니다.

나카쓰가와는 거대한 자연의 혜택을 받은 마을로 동서남북이 교차하는 교통 요지이고, 막부 말기 '나카쓰가와 회의'로도 유명한 역사와 문화가 있는 마을입니다. 나카쓰가와 쥬쿠는 이치오카 시게마사(市岡殷正), 하자마 히데노리(間秀矩) 등 유명 상인을 배출한 곳이기도 합니다. 또한 하이쿠회, 와가회, 분락쿠회, 지역 가부키 등 많은 지역 문화가 발달하여 메이지 시대에는 60개의 가부키 무대가 있었습니다. 지금도 카시모 메이지좌, 소반좌라는 극장 무대가 있고 지역 가부키가 왕성합니다.

또한 다나카 도모히로와 가토 게지 등 나카쓰가와의 경영인들은 '카야노 모쿠예술무용학원 무용유키코마회'라는 어린이 뮤지컬 극단을 지원하고 있습니다. 저도 그 극단의 뮤지컬 공연을 보고 감명받은 적이 있는데 일본아동문화제 추천 작품으로 인정받을 정도로 높은 수준의 작품이라고 합니다.

그러면 다시 본론으로 돌아가겠습니다. 에도 시대의 나카쓰가와 쥬쿠는 '사람이 오가는 것뿐만 아니라 사람을 동반한 정보도 교류한다. 그리고 쥬쿠역에는 사람이 머무는 것뿐만 아니라 정보도 머무른다'는 곳이었습니다.[*] 이 전통이 현재에도 숨 쉬고 있습니다. 가토

카야노 모쿠예술무용학원과 포스터

게지는 "사람을 소중히 여기는 풍토가 나카쓰가와의 특징"이라고 말합니다. 이 풍토는 나카쓰가와의 지혜에 대한 개방적인 태도로 계승되고 있습니다. 나카쓰가와 중산도 역사자료관의 안도 요시유키(安藤嘉之) 관장으로부터 이런 전통에 관한 상세한 설명도 들었습니다.

나카쓰가와의 배움 네트워크는 막부 말기부터 메이지 유신에 걸쳐 나카쓰가와 쥬쿠의 상인들이 지원한 히라타 국학, 자유민권운동, 하이쿠회 등 여러 배움의 장을 이어받은 것입니다. 그러면 이처럼 역사 문화가 숨 쉬는 마을에서 고령자를 적극적으로 채용하게 된 이유는 무엇일까요.

＊中山道歷史資料保存会. 1999.『街道の歷史と文化 創刊号』. 三野新聞社.

가토제작소의 고령자 채용

2000년, 가토 사장은 21세기클럽(에나시 지역의 경영자 학습회) 강연과 나카쓰가와 상공회의소 학습회에 참여하고 있었습니다. 츄쿄학원대학에서는 나카쓰가와 산업진흥과의 지원으로 도농지역통합연구소를 설립하고 나카쓰가와시로부터 위탁 조사 연구를 진행했습니다. 그 과정에서 츄쿄학원대학에서 나카쓰가와 상공회의소와 경영인 모임에 강사 파견도 많았다고 합니다. 그래서 강사를 하던 경영학부 가토 이와오 교수와 가토 사장이 서로 알게 되었습니다.

당시 가토제작소는 주문이 쇄도하여 낮은 가격에 단기 납품을 해야만 하는 상황이었습니다. 고민이 깊어진 가토 사장은 가토 이와오 교수에게 상담을 청하고는 했는데 교수는 "이익률을 높이려면 비용을 줄이거나 매출을 늘리는 두 가지 방법밖에 없다. 비용의 대부분을 차지하는 인건비는 고정비이니 줄일 수 없고 그렇다면 매출을 늘리기 위해 공장 가동률을 올려야 한다"라고 조언했습니다.

그래서 가토제작소는 공장 가동률을 높이기 위해 주말에도 공장을 돌리기로 했습니다. 그러나 파트타임이 가능한 것은 대부분 주부인데 주말에는 가사일 때문에 공장 근무가 불가능하다는 것이 딜레마였습니다. 반면 나카쓰가와시가 츄쿄학원대학에 위탁한 고령자 의식조사 결과, 일하고 싶지만 일자리를 구하지 못한 고령자가 1,000명에 달한다는 것도 알게 되었습니다.

보고서를 본 가토 게지 사장은 곧바로 2001년 2월 22일 고령자 채용 공고를 냈고, 그 결과 100여 명의 지원자 가운데 15명을 주말 파트타임 인력으로 채용했습니다. 지금은 주말 공장을 가동하지 않지만, 고령자 채용 제도를 지속하여 114명 직원의 절반인 56명이 60세 이상의 고령자입니다. 원래 고령자 채용이 주목적은 아니었지만 가토제작소의 이러한 고령자 채용은 주변 지역기업에도 확산되었습니다.

사라다코스모의 고령자 채용

사라다코스모사는 새싹 채소 생산과 교육 관광형 생산 시설인 '치커리촌'을 운영합니다. 일본 최초로 외국 작물인 치커리의 대규모 수경재배에 성공했고, 치커리를 원료로 치커리 소주도 개발했습니다. 치커리촌 사업을 위해 일하는 전체 직원 90명 중 과반수가 고령자입니다.

사라다코스모의 다나카 도모히로 사장은 '일본 농업의 활력, 고령자의 활력, 지역의 활력'을 슬로건으로 내걸고 지역에서 이 원칙을 실현하고자 합니다. 다나카 사장은 가토제작소의 성공적인 고령자 채용 사례에 고무되어 사라다코스모에서도 고령자를 채용했습니다.

치커리촌의 미야카와 신이치(宮川真一) 지배인은 "나카쓰가와는 60세 이상 고령자 비율이 40% 이상입니다. 그들은 연금으로 파친코에서만 시간을 보내기 때문에 인구 대비 파친코 매장 수가 일본 최고 수준이라는 불명예를 안고 있기도 합니다. 그런 마을에서 다나카

치커리촌

사장은 고령자를 채용하고 그들의 건강도 유지해 세금(의료비)을 줄이고, 지역 고령자 문제도 해결하고 싶다고 했습니다"라고 강조합니다.

나카쓰가와에서 시작한 고령자 채용은 인근 지역에도 확산되었습니다. 기후현 다지미시에서는 커뮤니티 택시 회사가, 이시카와현 가나자와시에서는 식품 가공업 회사 오하라가 고령자를 채용하기 시작했습니다. 두 회사는 가토 게지 사장과 만나거나 그의 저서*를 읽고 고령자를 채용하게 되었다고 합니다.

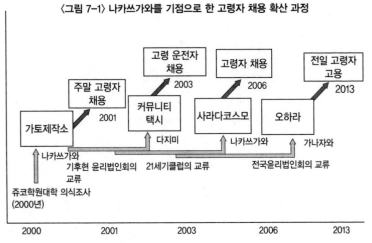

〈그림 7-1〉 나카쓰가와를 기점으로 한 고령자 채용 확산 과정

*출처: 岸田泰則. 2019. "高齢者雇用促進のソーシャル・イノベーションに関する事例研究."『イノベーション・マネジメント』. Vol. 16: p. 148.

---

*加藤景司. 2013.『意欲ある人'求めます゜ただし60以上'ー日本一の高齢者雇用企業・加藤製作所躍進の秘訣』. PHP研究所.

나카쓰가와에서 일하는 고령자들

실제로 나카쓰가와에서 일하는 고령자들은 어떤 생각으로 일하고 있을까요. 가토제작소에서 제품 출하를 담당하는 A(남성)는 66세에 가토제작소에 입사했습니다. 처음에는 일이 서툴렀고 일의 순서도 기억하지 못해서 당황하는 일이 많았습니다. 그래서 점심시간과 비는 시간에 작업 매뉴얼을 작성하기 시작했습니다.

그렇게 2년이 흐르자 "매뉴얼을 많이 만들어보니 최근에는 매뉴얼을 안 봐도 될 정도로 능숙해졌어요"라고 웃으며 말하게 되었습니다. A는 가토제작소에 입사하기 전에는 나카쓰가와에서 편도 1시간 15분 거리를 출퇴근했다고 합니다. 68세가 된 A는 "누가 그만두라고 권하는 일도 없으니 나만 건강하면 계속 일해도 괜찮을 것 같아요. 보수도 용돈 벌이는 되는 수준이라 만족해요"라고 말합니다.

72세로 가토제작소에 입사한 지 1개월이 된 B(남성)는 프레스과에 배정되어 기능 훈련을 받았습니다. 그는 예전에 하던 일과 전혀 다른 업무를 배정받아서 무척 서툴렀습니다. 그러나 17명의 프레스과 멤버들은 "B는 대단히 친절하고 신사적이라서 일하기 편해요"라고 평가합니다. B는 나카쓰가와의 인근 마을 에나시에 살고 있습니다. 이전 근무지가 나고야인데 매일 나고야까지 차로 왕복 110㎞ 거리를 3시간 걸려 출퇴근했다고 합니다. B는 도노 지역(나카쓰가와, 에나 일대)의 자연에 둘러싸인 생활이 정말 마음에 들었지만 나고야로의 출퇴근은 너무 고통스러웠습니다. 그래서 가토제작소에 입

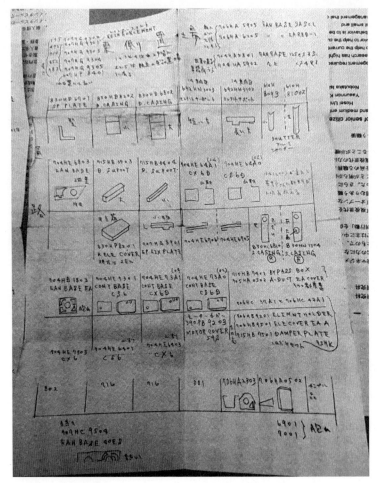

A가 만든 작업 매뉴얼

사한 것입니다. B는 "힘들고 출퇴근 시간이 아까웠는데 마침 이 지역과 인연이 닿게 되었다"라고 말했습니다.

치커리촌에서 근무하고 있는 C(여성)는 68세에 사라다코스모에 입사했습니다. 입사하기 전에는 가정주부여서 기업에 근무한 것은 처음이고 지금은 입사한 지 10년이 되었습니다. C는 "치커리촌에 오면 즐겁고 힘이 나요. 집에만 있으면 왠지 무기력해지거든요. 치커리촌에서 많은 직원, 손님들과 대화하면 정말 즐거워져요"라고 이야기합니다.

대기업 전기 회사에서 영업을 담당했던 D(남성)는 퇴직 후 도쿄에서 나카쓰가와로 돌아와 치커리촌에서 일하게 되었습니다. 오랫동안 영업 일로 생긴 판매 노하우와 붙임성 있는 태도로 치커리소주 판매에 크게 이바지하고 있습니다. D는 "인생은 평생 도전의 연속이라는 생각으로 일하고 있어요"라며 자랑스럽게 이야기했습니다.

나카쓰가와의 전자 부품 회사에서 근무했던 E(여성)는 61세에 사라다코스모에 입사한 4년 차 직원입니다. "유연근무를 할 수 있어서 만족해요. 집에 무슨 일이 생기면 다른 사람과 교대할 수 있어서 정말 좋은 직장이라고 여기며 다니고 있어요. 고령자를 채용하는 기업은 별로 없기 때문에 이 나이에 일할 수 있다는 자체에 만족해요. 비단 돈 문제뿐만 아니라 집안일을 하며 힘들 때나 기분 전환하고 싶을 때 일하러 나와서 이런저런 이야기를 나눌 수 있는 동료가 있어서 큰 위로가 되고 자극도 많이 받아요"라고 소감을 이야기했습니다.

치커리촌의 나카다 스미카(田中澄香) 부지배인은 "풍부한 인생 경험과 유연한 사고방식 등 어르신들과 함께 일하면서 배우는 점이 많습니다"라며 고령자 채용의 장점을 강조합니다. 또한 미야카와 지배인은 고령자가 손님 응대를 담당하게 한 이유에 대해 "어르신들은 지역 문화의 장점 등을 설득력 있게 전달할 수 있습니다. 그래서 인구감소 지역인 나카쓰가와의 관광 활성화, J턴에 기여할 수 있다고 봅니다"라고 설명합니다.

고령자 채용 확산의 기반인
배움 네트워크의 전통

나카쓰가와에서 고령자 채용이 확대되는 가장 큰 이유는 배움 네트워크 때문입니다. 나카쓰가와와 에나시를 포함한 도노 지역에는 21세기클럽, 윤리법인회, 청소 배우기 모임 등 다양한 배움 네트워크가 있습니다. 그 가운데 하나인 나카쓰가와 상공회의소와 경영인 모임에서 경영인들과 연구자 교류도 이루어지고, 그 과정에서 고령자 채용이라는 아이디어도 확산되었습니다.

가토 이와오 교수는 "가토 게지 사장과 같은 관록 있는 경영인이나 같은 '외지인' 애송이를 스스럼없이 대해주었습니다. 가토 사장뿐만 아니라 나카쓰가와의 경영인은 모두 개방적이고 친절했습니다"라며 그들과 만났던 당시를 회고합니다. 외지인을 환대하고 이야기를 진지하게 들어주었기 때문에 고령자 채용 방안에 대해서도 적극적으로 의견을 밝힐 수 있었던 것입니다.

도노 지역의 다양한 배움 네트워크에는 남녀노소 누구나 참여할 수 있고, 사람을 소중히 여기는 전통이 있으며, 외지인도 개방적으로 대합니다. 근처 에나시 이와무라정에 있는 비영리법인 이와무라

잇사이쥬쿠는 저명한 유학자 사토 잇사이(佐藤一斎)*의 가르침을 배우는 모임을 열어 경영자, (남자) 주부, 학생 등 폭넓은 층과 학습회 및 강연회를 실시하고 있습니다.

스즈키 류이치(鈴木隆一) 이사장은 이와무라에서 교장을 역임하고 1995년에 사토 잇사이 연구회, 2005년에 비영리법인 이와무라잇사이쥬쿠를 설립했습니다. 21세기클럽, 치커리촌, 나카쓰가와시 윤리법인회, 초등학교, 고등학교, 대학 등에서 열심히 강연하면서 사토 잇사이의 '언지사록(言志四錄)'** 보급에도 노력하고 있습니다.

사라다코스모의 다나카 도모히로 사장도 사토 잇사이의 사상에 심취하게 되었는데 그는 "치커리촌의 또 다른 별명은 사토 잇사이 전승관"이라고 말하며 언지사록에 나오는 어록 일부를 다다미 한 장 크기의 패널로 만들어 치커리촌에 걸어 널리 알리고 있습니다. 저도 연구 과정에서 사토 잇사이의 팬이 되어 매년 사토 잇사이를 기리는 언지제를 준비하는 '사토 잇사이 현장회'에 회원 가입도 했습니다.

사토 잇사이의 평생학습론은 "삼학계, 즉 어릴 때부터 배우면 커서 중요한 일을 할 수 있고, 커서 배우면 늙어도 쇠퇴하지 않으며, 늙어서 더 열심히 배우면 죽어서도 업적이 이어진다"라는 이념입니다. 이 이념은 현재 나카쓰가와에도 이어지고 있습니다.

---

*사토 잇사이(1772-1859년)는 미노노쿠니 이와무라촌(美濃国岩村, 현 기후현) 출신의 유학자이다. (역주)

**사토 잇사이가 40년에 걸쳐 쓴 어록으로서 '지도자의 덕목'으로도 불린다. 『言志錄』, 『言志後錄』, 『言志晚錄』, 『言志耋錄』이라는 네 권의 수상록을 합쳐 부르는 이름이다. (역주)

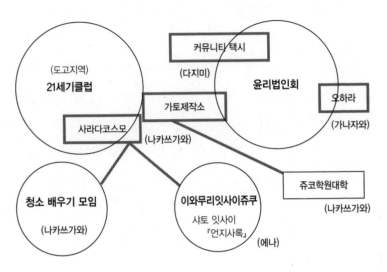

〈그림 7-2〉 나카쓰가와의 배움 네트워크

커뮤니티 택시
(다지미)

(도고지역)
21세기클럽

윤리법인회

가토제작소

오하라
(가나자와)

사라다코스모
(나카쓰가와)

청소 배우기 모임
(나카쓰가와)

이와무리잇사이쥬쿠
샤토 잇사이
『언지사록』
(에나)

쥬코학원대학
(나카쓰가와)

＊출처: 岸田泰則, 2019. "高齢者雇用促進のソーシャル・イノベーションに関する事例研究." 『イノベーション・マネジメント』 Vol. 16: p. 148.

이처럼 나카쓰가와에서는 이념과 정신이 오래 이어지고 있습니다. 이런 풍토는 가토제작소의 131개의 검에도 표현되어 있습니다. 가토제작소는 매년 1월 2일 시무식에서 검에 연호를 새기는데 어느덧 131년이 되어 현재 131개의 검이 있습니다. 이런 행사는 대장간 창업으로서의 정신을 전승하기 위한 것입니다. 가토제작소의 경영 정신인 '계승'의 중요성을 잘 알 수 있는 대목입니다.

이처럼 나카쓰가와에는 오래전부터 형성된 배움의 정신이 현재에도 이어져 여러 네트워크를 형성하게 되었습니다. 배움을 중시하는 정신, 지식에 대한 개방적 태도, 외지인을 향한 호의가 배움 네트워크 안에 녹아들어 있습니다. 그리고 네트워크 안에서 활동하는 경영자들은 지역에 대한 애착, 지역사회 문제의식 그리고 실천력을 익히게 됩니다. 그 연장선상에서 고령자 채용 아이디어를 만들고 추진하게 된 것입니다.

결론

마지막으로 나카쓰가와 취재를 통해서 배운 '이성, 양심을 닦는 일의 소중함'에 대해 이야기해보고자 합니다. 가오(花王) 창업자 나가세 도미로(長瀬富郎)는 나카쓰가와의 양조장 가문 출신입니다. 나가세는 국산 비누의 조악한 품질에 문제의식을 느껴 일본산 비누 제조에 뛰어들었고 그것이 일본 굴지의 생활용품 회사 가오의 시작입니다.

나가세 도미로의 "하늘의 도움은 항상 도리를 바로 하고 기다려야 한다"라는 말은 가토 게지 사장이나 다나카 도모히로 사장에게도 통하는 말 같습니다. 이 말은 올곧고 성실한 의지를 강조하기 때문입니다.

가토제작소 현관 앞에는 불교 시인 사카무라 신민(坂村真民)의 "염원하면 꽃이 핀다"라는 진언비가 있습니다. 다나카 도모히로는 무슨 일이 있을 때마다 "계속 생각하면 반드시 통한다"라고 가르쳐주었습니다.

가토제작소 입구의 진언비

다나카 도모히로가 신봉하는 사토 잇사이의 "사람에게서 믿음을 얻으면 재물보다 낫다"(『언지후록』 224조)라는 말은 나카쓰가와의 풍토를 나타내는 것처럼 느껴집니다. 사람을 믿거나 스스럼없이 사람을 대하는 나카쓰가와 풍토가 지역 공헌과 이익을 동시에 추구하는 지역형 사회적 기업을 낳아 고령자 채용이라는 모범 사례를 만든 것입니다.

나카쓰가와를 기점으로 한 고령자 채용은 직무 경험이 없는 고령자를 신규 채용하여 육성하는 것이 특징입니다. 예를 들어 가토제작소에는 나카쓰가와의 명물 과자 쿠리킨톤*을 만들어온 60세 넘은 명인이 입사해서 제트기의 주 날개 부품을 제작하고 있습니다. 그러나 고령자를 대하기 곤란한 사람이라고 생각하지 않고 사업에 기여하는 사람으로 대하며 직업 능력 개발과 대화를 진행하고 있습니다.

이러한 방식은 한 개 회사에 그치지 않고 4개 회사로 확산되었습

---

*일본 화과자의 일종이다. (역주)

니다. 일하고 싶어도 직장을 찾지 못했던 고령자들에게 일할 곳, 즉 고령자가 머물 곳을 제공할 뿐만 아니라 노동자로서의 또 다른 능력도 고취하고 있는 것입니다. 그리고 그 바탕에 오랜 역사 속에 이어진 배움 네트워크가 있습니다.

제 8 장

_____

폐교 활용 /
산촌도시교류센터
사사마

사노 아리토시

(佐野有利)

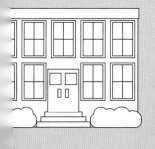

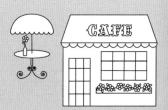

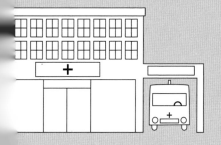

시즈오카현 시마다시 가와네정 사사마지구는 2018년에 총무성이 과소지역 자립 활성화 우수 사례로 선정한 지역입니다. 시즈오카현 중서부 시마다역에서 북쪽으로 차로 40분 거리인 35㎞ 정도를 올라가면 해발 200-500m 고지대에 오이강 지류인 사사마강과 차밭으로 둘러싸인 사사마지구가 나타납니다.

저는 2004년에 연구를 하면서 가와네정을 알게 되었습니다. 헤세 대합병* 시기에 가와네정도 주변 지자체와 합병을 검토해야만 했습니다. 그러나 합병 반대 의견이 강해서 정장** 주민소환선거를 진행해야 할 만큼 갈등의 골이 깊어진 상황이었습니다.

가와네정 기타지마 토오루(北島亨) 전 부정장과는 이즈음에 만났습니다. 가와네정은 오이강 연안을 달리는 기차를 타고 관광객들이

하늘에서 본 사사마지구 중심부

이 지역을 방문하도록 유도하는 관광사업을 추진했지만 제대로 된 가이드북도 없어서 기타지마 부정장과 제가 가이드북을 함께 제작 하게 되었기 때문입니다. 저는 기타지마와 지역자원, 지역 관광자원

*일본 정부는 1995년 「지방분권일괄법」에 의해 「합병특례법」을 개정했고 2000년에 행정 구역인 시정촌 병합을 통해 지방자치단체 수를 3,252개에서 1,000개로 조정한다는 방침 을 발표했다. 이와 동시에 합병 지자체에게 대한 많은 재정 지원을 약속했는데 지방채의 하나인 합병특례채를 대상 사업비의 95%로 충당하고 원리상환금의 70%를 다음 해 보통 교부금으로 충당하는 파격적인 조건을 내걸었다. 한편 합병하지 않는 지방자치단체는 지 방교부세를 대폭 삭감하겠다고 발표했다. 2004년에 발표된 삼위일체 개혁은 지방세·지 방교부세·국고보조금을 개혁하여 지방자치단체의 재정 자율성을 확대하겠다는 조치였 다. 이와 같은 개혁 과정에서 진행된 대대적인 행정구역 개편을 (당시의 연호를 반영하여) '헤세(平成) 대합병'이라고 부른다. (역주)
**정장(町長)은 일본 행정구역인 정(町)의 대표자이다. (역주)

을 발굴하면서 가와네정에 대해 더 자세히 알게 되었습니다.

　사사마강이 흐르는 사사마지구는 산간에 있는 10개 촌락으로 이루어져 있으며 70% 이상 주민이 임업과 차 농사에 종사합니다. 가와네정의 기간산업인 차 농사는 오랜 역사와 전통이 있습니다. 오래전에 이쿠미촌(현 가와네정)에 살고 있던 사카모토 토키치(坂本藤吉)는 전차(녹차의 한 종류)가 고가로 팔리는 것을 알고 우지*에서 차 명인을 초청하여 제조법을 배웠습니다. 이후 차 만들기 붐이 일어나자 가와네정으로 사람이 모여들어 전국 유수의 차 생산지가 되었습니다.

　사사마지구는 1889년에 시타이군 사사마촌, 1955년 하이바라군 가와네정 사사마로 행정구역이 변경되었다가 헤세 대합병 시대인 2008년 남쪽 인근 시마다시와 합병했습니다. 합병의 가장 큰 이유는 인구감소 때문이었는데 1950년대 인구가 1,000명이었으나,** 2015년 320명으로 줄면서 고령화율도 60%를 넘어가게 됩니다.***

　기간산업인 임업 침체, 차 수요 감소에 따른 가격 하락으로 차 산업이 침체하면서 마을 사람들도 대도시로 떠났습니다. 게다가 고산지대에 있는 사사마지구는 경사지라서 차 산업의 규모를 키우거나 기계화가 어려워 수익성을 높이기도 어려운 상황이었습니다. 차 농가에 후계자가 없으니 차 농가 수와 차밭 면적은 감소했습니다. 과

---

*우지(宇治)는 일본에서 차로 유명한 교토 인근 지역이다. (역주)
**総務部統計局. 1950.『国勢調査)』.
***総務省. 2015.『国勢調査)』.

소화 정책에도 불구하고 1년간 태어난 아기는 10명뿐이었습니다. 지역 활성화 의욕이 감소하고, 주민은 자신감을 상실해갔습니다.

나마즈야 모임

1990년경 가와네정립 사사마초등학교 입학 아동 수가 10명을 밑돌자 주민들은 초·중학교 존폐 위기를 느끼게 되었습니다. 지역 미래에 위기감을 느낀 마을 유지들이 나서 30대에서 50대의 수십 명을 중심으로 '나마즈야 모임'을 만들었습니다. 나마즈야는 '무엇이라도(난데모, 何でも)', '우선(마즈, 先ず)', '해보자(얏데미요, やって見よ)'의 앞 글자를 딴 이름입니다.

이 모임의 리더는 사사마 출신인 기타지마입니다. 기타지마는 시즈오카현 직원으로 오랫동안 관광 행정 업무를 하면서 주로 도쿄와 시즈오카에서 지냈습니다. 이후 55세에 조기 은퇴하고 본가가 있는 사사마에 돌아왔습니다. 고향으로 돌아온 가장 큰 이유는 중산간 지역을 활성화해보고 싶어서입니다.

기타지마의 말에 의하면 시즈오카현에서 1980년대부터 90년대까지는 관광, 지역 살리기, 지역 만들기는 별개라는 생각이 일반적이었다고 합니다. 중산간 지역을 활성화하고 싶었던 기타지마는 이런 생각에 의문을 품던 차에 '일본·상류문화권(上流文化圈) 구상'(이하 상류권 구상)이라는 개념을 알게 되었습니다.

이 구상은 후지강 상류의 야마나시현 하야카와정이 1994년 제시한 것으로 환경과 자원을 소중히 하며 공생하고 상류 지역은 그곳 문화를 바탕으로 지역 미래를 생각해보자는 것입니다.

도쿄로 인구 집중이 이어지고 지방, 중산간 지역 소멸이 진행되는 때에 이 구상을 접한 기타지마는 중산간 지역 활성화를 본격적으로 해보고 싶어졌습니다. 정년을 마치고 연금 생활을 하는 것이 아니라 지역 활성화에서 보람을 느끼며, 탁상공론이 아닌 현장 일을 해보자고 결심했습니다.

기타지마를 시작으로 나마즈야 모임 멤버는 "사사마가 좋지만 이대로는 안 돼요. 앞으로 무엇을 해야 할까요"라는 지역 주민에게 다음과 같이 알기 쉽게 방법을 제시했습니다.

— 근처 도시인 시즈오카 시내에서 특산물전 개최
— 지역 역사와 문화 학습, 발굴
— 독특한 사고방식과 실행력 있는 사람을 불러 '모두 함께 이야기하기' 개최
— 산촌 유학에 대한 학습회
— 사사마의 지역 특색과 특산물을 살린, 도시 주민과의 교류 추진
— 학교 존속

폐교와 재생

2004년 가와네정 교육위원회는 사사마초등학교와 사사마중학교

폐교를 검토하기 시작했습니다. 이후 2006년 6월 가와네정 사무소와 사사마 주민들이 '사사마 지역 활성화 등을 위한 촉진협의회'를 설립했습니다. 협의회에서 학교 건물 문제, 사사마 지역의 미래 문제, 중산간 지역의 문제에 관해 토론했습니다.

당시 주민들은 "폐교는 시대의 흐름이니까 따를 수밖에 없다", "학교는 없어져도 좋으니 지역 활성화에 주력하자"라고 이야기했습니다. 그러나 기타지마는 이런 논의 과정에 외부인을 초대해 의견을 들은 것이 잘못이라고 느꼈습니다. 외부 전문가들은 학교 존속이나 지역 미래에 대해 부정적 의견만 제시했기 때문에 주민들의 마을 만들기 의욕을 높이는 데 도움이 되지 않았기 때문입니다.

기타지마는 당시 가와네정 부정장이었습니다. 여러 논의를 거치면서 강력한 리더십이 없다는 것이 마음에 걸렸습니다. 주민들 논의에 적당히 타협하는 것이 아니라 높은 목표를 강력하게 제시하는 그런 리더가 필요했던 겁니다.

폐교 찬반 의견으로 지역이 둘로 갈라져 논의가 지속되면서 점점 주민들 생각은 "폐교는 어쩔 수 없지만 고령화가 진행되는 사사마에서는 아이들이 활력의 원천이 될 수 있으니 어떻게 해서라도 아이들의 활기찬 목소리를 우리 지역에 남기고 싶다", "사람과 사람의 연대를 소중히 하고 싶다. 사람이 모이는 장을 남기고 싶다"라는 내용으로 정리되었고, '지역 유산을 귀중한 지역자원으로 하자'는 결론이 났습니다.

2007년 가와네정 의회에서 정식으로 폐교 결정을 하면서 동시에

폐교 당시의 사사마초등학교 어린이들

폐교를 청소년의 집으로 활용할 방안을 검토하기 시작했습니다. 초등학교 건물은 정비 후에 관리·운영할 수 있는 별도의 조직이 필요하게 되었습니다. 기타지마는 '사사마 미도리 라쿠샤 쿠레바'라는 인수 조직을 설립했습니다. 쿠레바는 방언으로 '키테미레바(와서 보면, 来てみれば)'라는 의미입니다.

　기타지마는 쿠레바를 만들 때 지금까지의 논의 과정에서 드러난 주민들의 감정 대립을 없애고자 특히 신경 썼습니다. 그래서 쿠레바를 나마즈야회 후속 조직이 아니라 완전히 새롭게 조직해서 주민 참가자를 모으고 싶었습니다.

　2007년 3월 사사마초등학교·중학교가 폐교되었습니다. 위의 사

산촌도시교류센터 사사마

진은 폐교 당시 아이들 모습입니다. 모교가 없어진 아이들은 멀리 떨어진 초등학교로 통학하는 새로운 생활에 불안감을 느꼈습니다.

2008년 4월 가와네정은 인근의 시마다와 합병했습니다. 시마다시는 도시 주민과 교류를 촉진하는 지역 활성화를 목표로 사사마지구 활성화 계획을 수립했고, 2009년 폐교 건물을 숙박 체험 교류 시설인 '시마다시 산촌도시교류센터 사사마'(이하 교류센터)로 만들었습니다. 이곳의 운영과 관리는 사사마 미도리 라쿠샤 쿠레바에서 이름을 바꾼 '기업조합 쿠레바'(이하 쿠레바)가 맡았습니다. 합병으로 부정장을 그만둔 기타지마가 교류센터 관장에 취임했습니다.

공중목욕탕도 갖춘 교류센터는 초등학교 시설을 어느 정도는 그

기타지마 토오루 관장

대로 살려 운영했습니다. 교실은 숙박 시설로 개조하고 2층 침대가 있는 8인실 7개, 10평 다다미방 2개, 20평 다다미방 1개로 만들었습니다. 가정실은 취사가 가능한 식당으로, 공작실은 연수실과 회의실로 했으며 농구대가 있는 체육관, 피아노가 있는 음악실은 그대로 활용하고 운동장은 야간 조명 시설을 설치하여 다목적 광장으로 만들었습니다.

불가능한 이유는 생각하지 않는다.
가능한 일을 모두 함께 생각하자

기타지마는 "불가능한 이유는 생각하지 않는다. 가능한 일을 모두 함께 생각하자"라고 강조했습니다. 문제점이나 부족한 점이 있더라도 해야만 한다는 의지를 표현한 것입니다. 공무원이었을 때나 지금도 뭔가 새로운 일을 하려고 하면 돈이 없다, 시간이 없다, 아이디어가 없다는 이유로 거절당한 일이 많았기 때문에 안 되는 이유만 댈 것이 아니라 되는 방향으로 추진하고, 위험 요소가 발생하면 자신이 책임지며 꿋꿋하게 추진하겠다는 식의 각오를 다져온 것입니다.

기타지마가 교류센터 운영을 시작하기 전에 주민들과 공유하고자 한 목표는 다음과 같습니다.

① 아이들의 활기찬 목소리가 울려 퍼지는 단기 학교 프로그램 부활
② 노인 쉼터, 주민 교류를 위한 살롱 만들기
③ 아이들이 자유롭게 놀 수 있는 '사삿코 숲' 만들기
④ 다양한 체험이 가능한 프로그램 만들기

기타지마와 쿠레바 멤버는 지역자원 발굴부터 시작했습니다. 그 과정에서 주민들과 지역을 다시 살펴보았습니다. 주민들이 자기가 사는 지역을 보고 스스로 인식하면서 지역 만들기가 시작된다고 생각했기 때문입니다.

우선 황폐해진 농지 재생을 시작했습니다. 감자와 고구마 같은 채소와 메밀을 재배하고, 외부 방문객도 수확 체험을 해보게 했습니다. 피자 굽는 가마도 만들어서 지역 채소로 피자를 만들고, 수확한 메밀로 수제면 만들기 체험도 했습니다. 교류센터 앞에 흐르는 사사

휴경지를 사용한 고구마·채소 재배와
방문객의 감자 캐기 체험

교류센터 앞 캠프장과 피자 굽기
체험

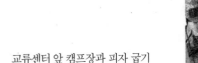

마강에서는 물놀이 외에도 반딧불 감상, 산천어 낚시 프로그램도 만
들었습니다. 여름방학과 봄방학에는 기존 학교 시설에서 아이들의
목소리와 음악 소리가 마을에 울려 퍼집니다. 사사마 강가에는 캠

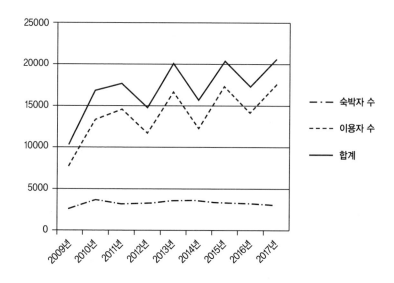

〈그림 8-1〉 교류센터 숙박자 수와 이용자 수

숙박자 수

이용자 수

합계

프장도 마련해서 주말에 많은 손님으로 북적입니다.

교류센터 이용료가 저렴한 것도 매력입니다. 중학생과 고등학생이 숙박해도 한 명에 2-3천 엔 정도입니다. 또한 체육관과 음악실 이용료는 하루에 천 엔 정도입니다. 프로그램도 알차고 저렴하니 여름방학에는 학생과 스포츠 소년단 합숙으로 거의 만실이 됩니다. 교류센터 개관 전에는 사사마지구 연간 방문객이 불과 200명 정도였는데 교류센터 방문 목적으로 약 100배 이상 방문객이 증가했습니다.

지금 기타지마는 다음 단계를 준비하고 있습니다. 아이들 목소리가 돌아온 것을 계기로 배움의 장을 복원하자는 것입니다. 우선 3일, 5일, 1개월 단위의 단기 학교를 만들어 교육을 진행하고 빈집을 활용한 레지던스에서도 모든 사람이 배울 수 있는 프로그램을 운영하고자 합니다.

또한 '와비사 빌리지 프로젝트'를 새로 시작했습니다. 방문자에 맞춘 인위적인 손님맞이가 아니라 주민들이 사는 모습을 그대로 보여주며 방문자를 가족처럼 맞이하자는 것입니다. 차밭에 카페를 열고 도에 워크숍을 하는 등 사사마의 소박하고 유유자적한 일상을 경험하는 것입니다.

주 민 참 여 조 직 만 들 기

교류센터를 운영하는 쿠레바는 조합원 27명과 1개 단체로 구성되어 있습니다. 조합원 구성은 농부를 중심으로 목수, 승려, 생선 가게 주인, 민박집 주인, 산림조합 직원, 회사원 등 다양합니다. 교류센터 운영 인력은 관장을 포함한 상근 직원 4명과 지역에서 고용한 임시 직원 18명입니다. 쿠레바를 기업조합이라는 법인 형태로 한 이유는 세 가지입니다.

첫째, 이익을 창출하고 지역에 환원한다는 목표를 명확히 할 것.

둘째, 조합원이 동등한 권리를 가지고 전원 합의로 마을 만들기를 진행할 것.

셋째, 시즈오카 중소기업단체 중앙회의 긴밀한 지원을 받을 것.

조합원들은 시설 관리, 체험, 식사 제공, 사업별 이벤트를 나누어 담당하며, 사업은 모든 조합원이 협력해서 합니다. 무엇보다 중요

〈그림 8-2〉 쿠레바의 지역에서의 위치

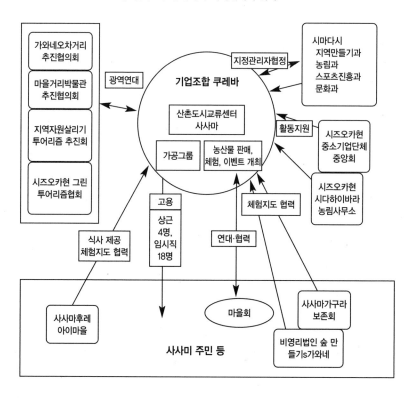

한 특징은 조합원인지 아닌지 구분하지 않고 지역 주민들이 수평적으로 참여하는 것입니다.

사사마의 10개 마을은 세 곳의 절이 중심인 마을회에 소속되어 있는데, 그 3개의 마을회를 하나로 모은 것이 자치마을회입니다. 자치마을회 대표, 비영리법인 대표, 지역 여성 유지 등이 정기적으로 교류센터에 모여 교류센터 활동에 관한 여러 제안을 합니다.

추진 과정에서는 종종 문제가 발생하는데, 특히 교류센터 수익 창출에만 몰입하면 갈등은 더 커집니다. 그래서 기타지마는 참가자들에게 "교류센터 걱정은 하지 말고 지역 활성화를 해봅시다"라고 독려합니다. 교류센터는 어디까지나 수단이며 사업의 최종 목적은 지역 활성화라고 강조하는 것입니다. 지역 고용 창출, 체험 활동 사업 기획, 방문객 식사 제공, 방문객 체험 활동을 위한 식자재 제공 등 신규 사업을 진행하는 교류센터의 모든 활동은 지역 전체와 연관되어 있습니다. 교류센터라는 점(點)에서 시작해서, 지역 조직과 사람을 선(線)으로 연결하여, 지역 전체라는 면(面)을 형성하는 것이 교류센터의 역할입니다.

교류센터에서 지역으로 파급된 활동 중의 하나가 도시락 등 식품을 가공하는 그룹 '히나타 봇코'입니다. 이 그룹은 지역 여성들의 자기인식을 계기로 만들어졌습니다. 여성들은 교류센터에 많은 사람이 방문하는 것을 보면서 자신들도 무언가 할 수 있지 않을까, 무언가 도울 수는 없을까 하고 생각하다가 식사 제공이라는 아이디어를 생각해냈습니다.

동료를 모은 사람이 쿠레바 조합원이어서 자연스럽게 협력이 이루어졌습니다. 사용하지 않는 차 공장을 조리실로 개조해서 도시락과 반찬을 만들었습니다. 근처 오래된 주택을 식당으로 개조했는데 옆에 지역에서 제일 큰 벚나무인 '수영(壽永)의 벚나무'가 있어서 봄에는 많은 관광객이 찾아옵니다. 이후 신규 그룹인 '엄마 집'도 탄생했습니다.

지역 여성이 운영하는 식당 '히나타 봇코'

기타지마는 교류센터로부터 지역으로 활동이 전개되는 것은 '가능한 일을 모두 함께 생각하기 때문'이라며 흐뭇해합니다. 식사 장소를 만들기 위해 지역 남성들과 협력하고 교류센터를 통해 협력자를 모집하는 등 가능한 일을 실천해가는 여성들의 모습은, 기타지마가 강조한 가치를 구현해낸 것으로 평가합니다.

외지인의 등장과 국제도자기 페스티벌

외지인은 다른 곳에서 온 사람, 즉 여행자, 방랑자 등 지역 밖에서 온 사람들입니다. 지역 주민과는 이질적인 존재입니다. 그런 외지인

사사마 가구라*를 공연하는
도예가 미치카와

이 사사마에 생각지도 못했던 기회를 가져왔습니다. 국제적으로 활동하는 도예가 미치카와 쇼조(道川省三)는 2006년 마을의 초청으로 도자기 교실을 열기 위해 이곳을 처음 방문했습니다. 마침 사사마초등학교 폐교 직전이었는데 미치카와는 오히려 지역의 분위기에 매력을 느꼈다고 합니다.

미치카와는 기타지마에게 2년에 1회 도예가를 초대하는 대규모 워크숍을 해보자고 제안했습니다. 도자기 문화가 없는 사사마에 새로운 문화를 만드는 실험이었습니다. 기타지마는 그 제안에 대해 "개최 당일까지 이벤트가 어떤 모습일지 상상도 할 수 없었다"라며 당시 불안했던 마음을 회고했습니다. 우선 지역 주민들이 찬성해야 했기 때문입니다.

그러나 미치카와는 워크숍 개최를 포기하지 않고 주민들과 술자리를 가지며 적극적으로 설득했습니다. "일본에서는 유례없는 이벤트다. 우리 한번 해보자. 도자기와 관련 없던 지역이 하니까 더 의미

---

*가구라(かぐら)는 옛 전통 의식의 일종이다. (역주)

체육관에서 열린 도예가의 시연

있는 것 아닌가"라며 설득했습니다. 결국 많은 주민이 찬성하여 이
벤트를 열게 되었습니다.

　우선 지역 주민, 전문가, 행정기관이 함께 '국제도자기 페스티벌 사
사마 실행위원회'를 조직했습니다. 도자기를 만들 도예가들은 오랫
동안 사사마에서 민박에 묵었습니다.

　2011년 11월 제1회 워크숍이 개최되었습니다. 이틀간 외국 도예
가 20명을 포함해 총 1,500명이 방문했는데, 이는 사사마지구 주민
의 약 3배 규모입니다. 2013년 11월 제2회 워크숍을 3일간 개최했을
때는 4,000명이 참가했는데 총 80명 규모의 더 많은 주민이 운영에
참여했습니다. 사사마 주민 5명 중 한 명이 참여한 셈입니다. 주민들

은 해외 도예가의 민박, 지역 요리를 제공하는 사사마 식당, 마을 공간의 작품 전시 지원, 미도리가와 카페를 기획하고 운영했습니다.

2013년에는 주민들이 직접 전통 가마인 '반딧불 가마'와 전기 가마를 교류센터 한쪽에 설치해서 형태 만들기부터 굽기까지 본격적인 도자기 체험을 하게 되었습니다. 2017년 제4회 워크숍은 4일간 열렸는데 전반부 이틀 동안 도자기 배우기 프로그램을 기획해 행사 내용이 훨씬 알차졌습니다.

그렇게 격년 단위로 4회나 개최된 도자기 페스티벌은 지역 전체와 행정이 참여하는 큰 이벤트로 성장했습니다. 보통 이벤트는 자금 조달과 내용을 기획하고 실행하지만 이곳의 도자기 페스티벌은 개최를 결정하고 나서 그것들을 생각했습니다.

기타지마는 지역의 빈집을 도예가에게 레지던스로 빌려주는 것을 다음 페스티벌의 테마로 생각하고 있습니다. 이렇게 미치카와와 사사마 주민들은 '도자기 마을 사사마'라는 꿈을 현실로 만들어가고 있습니다.

외지인을 받아들이는 사사마

이렇게 사사마의 풍요로운 자연과 주민들의 정에 이끌려 이주한 사람은 10년간 8세대가 되었습니다. 외국인으로는 나사(NASA)에서 일하는 남성, 교류센터의 피자 체험 지도자, 사사마 가구라 무용수 등입니다. 조세핀은 모국에서 도자기 공부를 하던 차에 미치카와와 만나면서 사사마에 오게 되었습니다. 그녀는 교류센터에서 지역 주민을 돕는 것 외에도 사사마 풍습에 매력을 느꼈습니다.

빈집은 지역민 중에서 제공이 가능한 사람이 하고 있습니다. 또한 이주자 지원도 중요한데 그들이 교류센터에 여러 상담을 할 때 기타지마가 조정하는 경우도 있습니다. 교류센터가 제3의 장소로서 주민과 이주자를 유연하게 연결하고 있는 것입니다.

기타지마는 사람을 연결하는 데는 여러 가지가 중요하다고 생각합니다. 지역에는 오랫동안 방치된 빈집이 있고 거기에 전기와 수도, 화장실 등도 정비해야 합니다. 또 살고 싶어 하는 사람이 나타나면 살 수 있게끔 수리도 필요하겠지요. 이런 이주자들의 요구에 지역이 잘 대응하는 것이 중요합니다. 기타지마는 이런 각고의 노력으로 외국인을 포함한 이주자가 늘기를 바라고 있습니다.

지역 주민의 주체성을 키우다

사사마지구 사례의 교훈은 무엇일까요.

우선 주민의 주체성입니다. 사사마에서 주체성이 길러진 이유는 지역 주민들이 위기감을 공유했기 때문입니다. 사사마의 고령화율은 60%를 넘은 상태라 기동력이 있다고 보기는 어렵습니다. 그러나 당사자인 지역 주민 스스로 나름대로 할 수 있는 것을 맡아서 해보려 노력하고 있습니다.

그러면 기타지마는 어떻게 지역 주민의 마음을 움직일 수 있었을까요.

위기감이 생기면 무언가 해볼 마음은 생기지만 막상 무엇을 해야 좋을지 모르는 것이 현실입니다. 그런 상황에서 기타지마는 주민들에게 직접 눈앞의 문제를 보여주며 일했습니다. 즉 주민들 스스로 자신이 할 수 있는 일들을 하고 싶게 하는 것입니다. 히나타 봇코 식당이 대표적인 사례입니다. 방문객이 많이 찾아오는데 밥 먹을 곳은 없다 보니 이런 문제를 직접 보면서 해결의 필요성을 스스로 깨닫게 되는 식입니다. 더불어 요리를 할 수 있는 여성들이 자신의 역할을 발견하는 것이죠.

또한 도자기 페스티벌의 민박도 좋은 사례입니다. 도예가는 장기간 작품 제작을 위해서 가마 주변에서 머물러야 하지만 숙박 장소는 한정되어 있습니다. 하지만 기타지마는 주민에게 당장 민박 장소가 필요하다고 갑자기 말을 꺼내지 않습니다. 우선 도예가의 요구 사항을 주민이 들어보게 하고 그 과정에서 그들 각자가 할 수 있는 일, 즉 숙박 제공 역할도 찾아보는 것입니다.

이처럼 기타지마는 주민 참여를 잘 이끌어냅니다. 그 방식에 대해 자신은 셰프이고 주민은 손님이라고 예를 들어 설명합니다. 셰프가 손님에게 무엇을 먹고 싶은지 묻는 것이 아니라 일단 레스토랑이 대접하기를 바라는, 그리고 손님이 먹었다는 몇 개의 메뉴를 눈앞에 제시합니다. 그러기 위해 셰프인 기타지마는 손님인 주민이 할 수 있는 일을 앞서서 알려주고 현장을 눈으로 보여주는 식으로 각각의 주민에게 할 수 있는 일을 스스로 인지하게 할 필요가 있습니다.

주민 스스로 할 수 있는 일을 알게 되니 그 후에는 조직 안에서 상하 관계를 떠나 자유롭게 의사 결정을 하면서 일합니다. 원래 교류센터 회의는 일 년에 몇 번밖에 없습니다. 누구에게 강요받는 것이 아니라 자신이 할 수 있는 일을 스스로 찾고, 사람과 사람이 유연하게 연결되기 때문입니다. 사사마는 조직과 개인이 공명하면서 진화하는 틸(Teal) 조직 형태*의 하나가 아닐까요.

무엇보다 사사마에서 기타지마는 핵심 인물이며 교류센터를 이끄는 중요한 원동력입니다. 그리고 미치카와 도자기는 지역 활성화를 촉발했습니다. 한편 기타지마도 교류센터에서 일하며 깨달은 것이 있습니다. 우선 지역의 가치는 인간이 나이를 먹으면 바뀌어 간다는 것입니다. 자신도 젊은 시절에 미처 몰랐던 중산간 지역의 자연과 문화, 여유 있는 삶의 가치를 나이가 들면서 깨달았다고 합니다. 두 번째는 인프라입니다. 교류센터에 사람이 모이고 교류인구가 늘어가면서 도로가 정비되고 2018년에는 광통신이 개통되었습니다.

물론 문제도 느끼고 있는데 그건 기타지마 자신의 리더십입니다. 리더십이 없으면 여론에 이끌려 적당히 타협하게 됩니다. 그러나 지역도 주민도 점차 변화하고 있으니 앞으로 주민 스스로 목표를 설정하고 행동할 수 있도록 자신의 역할을 잘 활용하려고 생각하고 있습니다.

사사마는 점차 지역에 아이들 목소리를 찾아오는 중입니다. 그

---

*Frederic Laloux. 鈴木立哉 訳. 2018.『ティール組織: マネジメントの常識を覆す
次世代型組織の出現』. 英治出版.

렇지만 교류센터 방문객과 교류인구 자체가 늘어날지 확신하기는 어렵습니다. 2019년 78세가 된 기타지마의 후계자 육성도 문제입니다.

이런 상황에서 이미 추진해왔던 지역 만들기 노하우를 살려서 어떻게 이어갈 수 있을까 그것이 숙제로 남아 있습니다.

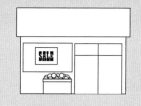

제9장

지역의 경력 교육 / 고등학생과 대학생 경력 교육

이시야마 노부타카

(石山恒貴)

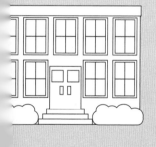
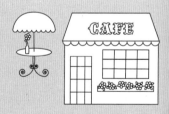
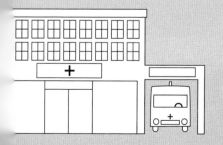

제9장에서는 홋카이도 무로란시에서 시행하는 학생 경력 교육이 어떻게 지역의 경력 교육을 실현하고 있는지 소개합니다. 지역의 경력 교육은 지역 주민이 추진할 수도 있지만 관계인구로서 외지인도 참여할 수 있습니다. 이 사례에 대해서는 제가 외지인으로 참여했습니다.

무로란의 특징

'무로란'이란 지명의 유래는 아이누*어의 '모·루에라니'이며 '작은 내리막길'이라는 의미입니다. 역사적으로 마쓰마에번(松前蕃)과 아

---

*아이누(アイヌ)는 홋카이도 원주민이다. (역주)

이누인 교역지인 지큐미사키, 이탄키하마와 절벽이 절경인 돗카리쇼 등 아이누 문화가 지금도 지명으로 남아 있는 지역입니다.

일본에서 무로란은 공업 도시로 유명하지만 아이누 문화로 상징되는 자연으로 가득한 지역이기도 합니다. 특히 지큐미사키에서는 거칠 것 없는 수평선을 볼 수 있고, 고래를 볼 수 있는 크루즈가 유명하여 돌고래를 쉽게 볼 수 있습니다,

공업 도시 무로란은 메이지 시대부터 천연 항구에 정기선로가 개설되었고 무로란-이와미자와 간 철도가 부설되는 등 교통 요충지여서 가능했습니다. 군사력이 필요한 시대에는 제철·제강 군수 공장이 번성했고, 전쟁 후에는 평화 산업으로 전환하여 중공업 도시가 되었습니다.

그래서 지금도 공장 야경이 유명하여 일본 11대 공장 야경으로 알려져 있습니다. 저도 2017년 8월 경력 교육 담당팀 무로란시청 공무원들과 공장 야경 나이트 크루즈를 체험했습니다. 무로란항 앞의 무인도인 오구로섬, 랜드마크인 시로도리대교, JXTG에너지 무로란 제조소(현 JXTG에너지 무로란 사업소), 신일철주금 무로란 제철소(현 일본제철 무로란 제철소) 등을 눈앞에서 볼 수 있었습니다. 자연과 공업지대가 어우러져 야경이 환상적이었습니다.

또한 무로란은 특색 있는 음식으로도 유명합니다. 홋카이도다운 신선한 해산물이 풍부하고 일본 7대 닭꼬치의 하나인 무로란 닭꼬치와 카레 라면이 유명합니다. 무로란은 홋카이도에서도 인구밀도가 높기로 유명하여 주택, 상업 시설, 공장, 관광 명소가 잘 집적되

무로란의 풍광과 야경

로컬의 발견

어 있습니다. 또한 항만, 7개 JR철도역, 버스 네트워크 등 교통망이
잘되어 있어 이동이 편리합니다.

무로란과의 만남

저는 2016년 8월 이부리 차세대 혁신쥬쿠* 강사로 방문하면서 무
로란에 처음 가보게 되었습니다. 이 프로그램은 개인의 능력을 깊이
생각해보고 타인과 협력하여 문제를 해결하도록 지역의 혁신적 인재
를 육성할 목적으로 2014년부터 연간 7-8회 연속 강좌로 운영 중입
니다. '모노즈쿠리 기업 활성화팀 학·관·금 무로란'이 사무국을 담
당하고 무로란공업대학 지역공동 연구개발센터, 무로란시 경제부
산업진흥과, 공익재단법인 무로란 테크노센터, 무로란 신용금고 등
학·관·금 조직이 함께합니다.

이 프로그램은 호세이대학 지역연구센터가 연대·협력하는데,** 강
사가 무로란을 방문해 대면 강의를 하거나 호세이대학과 무로란공
업대학을 온라인으로 연결하여 화상회의를 하는 방식으로 진행합니
다. 호세이대학 지역연구센터 객원 연구원이었던 저도 강사로 참여
했습니다. 주로 기업 간부와 관리직 대상의 강의여서 늘 하던 평범
한 지역 강의라고 여기며 갔는데 그때만 해도 이렇게 여러 번 무로란

---

*이부리 차세대 혁신쥬쿠(http://www.city.muroran.lg.jp).
**2019년 시점에 이부리 차세대 혁신쥬쿠와 호세이대학 지역연구센터의 연대·협력은 종
료되어 있다.

에 가게 될 것이라고는 상상도 못 했습니다.

강의 주제는 인재 육성과 경력 형성이었습니다. 쥬쿠장 니시노 요시히토(西野義人, 주식회사 니시노제작소 대표)를 시작으로 많은 기업에서 모인 수강생들의 친근함이 인상적이었습니다. 사무국인 무로란시 경제부 산업진흥과에 우나키 게지(宇那木啓二)라는 핵심 인물이 있었습니다. 우나키는 강의를 듣고 경력 형성에 관해 관심 가지게 되었다고 합니다.

무로란이 철강업을 중심으로 발전해온 것은 맞지만 1970년대 오일쇼크 후에는 산업구조 전환으로 철강업이 축소되었고 신일철주금 고로 폐지, 합리화, JXTG에너지 석유정제 중단 등에 의해 제조업 고용도 축소되었습니다. 이에 1969년 18만 3,215명이었던 인구는 2017년 8만 6,073명까지 감소했습니다.

또한 무로란 공업지대의 대기업에서 기술자를 채용할 때 지역이 아니라 수도권 본사에서 일괄적으로 채용하여 무로란에 배치하는 경우가 많았습니다. 사정이 그러하다 보니 무로란의 고등학생이나 무로란공업대학 학생은 취업을 위해 다른 지역으로 떠나는 경우도 많았습니다.

물론 우수한 지역기업도 많이 존재합니다. 그래서 지역 인재가 경력 형성이나 진로를 선택할 때 지역기업을 선택해주기를 바라는 것이 사무국의 바람이었습니다. 그래서 우나키는 (강의를 듣고 나서) 사회인 대상이었던 이 강의를 고등학생과 대학생 대상으로 해봐야겠다고 생각했습니다.

고등학생 경력 교육

저는 이미 이부리 차세대 혁신쥬쿠 간담회 때부터 우나키로부터 학생 경력 교육의 필요성에 관한 이야기를 듣고 재밌겠다고 생각했습니다. 우나키는 수강 후 신속히 일을 추진했습니다. 무로란시, 무로란공업대학, 이부리 차세대 혁신쥬쿠의 동의를 얻어 예산을 편성하고 바로 도쿄에 있는 저의 연구실을 찾아와 경력 교육과정을 논의했습니다.

그렇게 경력 교육 환경을 갖추고 막상 시작해보니 불안한 생각도 들었습니다. 한 번도 해본 적이 없었기 때문입니다. 단순히 교실에서 고등학생과 대학생에게 경력 이론을 강의하는 것만으로 애초의 취지대로 효과가 나타날지 의문이었습니다.

그러나 우나키를 시작으로 무로란시 경제부 산업진흥과 직원들과 계속 만나면서 그런 우려는 사라졌습니다. 우나키를 중심으로 무로란 경제부 산업진흥과 직원들은 지역 내 고등학교들을 방문하여 교육 취지를 설명했습니다.

다음으로 중요한 요소는 고등학생과 대화할 수 있는 무로란의 직업인입니다. 지역기업에 흥미를 느끼게 한 후 실제로 경력으로 이어지게 하려면 고등학생과 직업인과의 대화가 빠질 수 없었기 때문입니다. 그러나 사회인의 관점에서 학생과 대화하면 일방적으로 자신의 경력만 설명할 수도 있고, 그렇게 되면 학생들의 흥미가 사라지겠죠. 그래서 발상을 바꿔 학생을 경력 연구자로 하고 직업인을 자세히 인터뷰하도록 했습니다. 그러면 학생들이 좀 더 직업인의 일에 대해 실감하게 될 것 같았습니다.

이런 방식이 효과가 있으려면 직업인이 본인의 삶의 상당 부분을 개방적으로 말해줘야 합니다. 즉 자신의 실패 경험을 자세히 알려줘야 하지요. 그래서 이미 사무국과 신뢰 관계가 구축된 직업인을 찾기 시작했습니다. 교실이나 화상회의 시스템은 무로란공업대학과 호세이대학 지역연구센터가 지원해주었습니다.[*]

교육 목적

교육의 전체적인 주제는 '직업인의 가치관과 일에 대해 느끼기'로 정했습니다. 지역기업에 취직하기를 전면적인 목표로 설정하지 않았습니다. 오히려 지역 취업이라는 즉효성보다는 지역기업과 산업을 잘 알고 참고하길 바라는 것을 목표로 정했습니다. 이런 취지를 담아 2017년 1월 1일 《무로란민보》에 아래와 같이 소개했습니다.

"기존 직업교육은 취직 희망자만 대상이고 대학 진학을 원하는 고등학생을 위한 교육은 없었습니다. 따라서 무로란시는 취직보다 학생들에게 지역 일자리에 대한 이해를 돕는다는 새로운 관점으로 이 프로그램을 시작했습니다. 곧바로 지역기업에 취직하지

---

[*] 2019년 시점에 이 경력 교육에 대한 호세이대학 지역연구센터의 지원은 종료되어 있다.

않거나 지역을 떠나 있어도 무로란의 지역기업을 알고 있다는 의
식만은 남기고 싶습니다."

　무로란 사카에고등학교와 가이세이학원고등학교의 1, 2학년 약
20명이 교육에 참여했습니다. 두 곳 모두 학생 대부분이 4년제 대학
진학을 원하는 학교입니다. 그러나 무로란시 사무국의 노력으로 학
생들은 부모님이 아닌 다른 이들의 이야기를 들을 수 있는, 평소 접
하기 어려운 소중한 기회라며 교육에 참여했습니다.

고등학생 경력 교육(1일 차)

　실제 교육은 2017년 1월 10일, 2월 2일, 2월 13일 3차로 나누어
각각 세 시간씩 실시했습니다. 1일 차인 1월 10일에는 우선 '내가 좋
아하는 캐릭터를 분석하자'는 워크숍을 실시했습니다. 이 내용은 제
2장의 J월드에서도 소개한, 제가 속한 연구팀이 NPO캐리어권추진
네트워크와 함께 작성한 초등학생, 중학생, 고교생, 대학생 출장 경
력 수업과 같은 내용입니다.

　이 워크숍은 마크 L 사비카스(Mark L Savickas)의 경력구축이론을
기초로 합니다.＊ 이 이론은 자신의 가치관과 테마를 파악하는 것을
강조합니다. 사비카스는 좋아하는 잡지와 방송, 책, 영화, 격언, 말

＊Mark L Savickas. 乙須敏紀 訳. 2015.『キャリア・カウンセリング理論』. 福村出
版.

을 생각해보라고 합니다. 또한 3-6세 때에 어떤 사람을 동경했는지, 존경했는지를 떠올려보라고 합니다.

이 워크숍은 사비카스의 권고에 착안하여 자신이 좋아하는 캐릭터를 서로 소개하는 방식으로 진행했습니다. 좋아하는 캐릭터는 만화 주인공, 드라마 주인공, 아이돌, 역사적 인물, 실제로 가까운 사람 등 누구라도 좋습니다. 학생들에게 미리 과제를 주고 캐릭터를 정해서 캐릭터 성격과 특징, 좋은 점, 캐릭터에 관해 마음에 남아 있는 것, 캐릭터와 자신의 비슷한 점 등에 대해 정리한 후 수업에서 발표하도록 했습니다.

이렇게 시작한 이유는 우선 흥미 유발이 중요해서입니다. 동시에 친근감을 갖는 캐릭터에 관해 말하다 보면 자기도 모르는 사이에 자신의 가치관을 투영하고 있음을 느끼게 됩니다. 또한 다른 사람의 캐릭터 설명을 들으면서 자신과 타인의 가치관의 공통점과 차이점을 알게 됩니다.

예상했던 대로 워크숍은 열띠고 화기애애하게 진행되었습니다. 캐릭터 분석 결과, 나와 다른 사람의 공통점으로는 캐릭터의 멋짐, 친절함, 신념 등이 제시되었고, 차이점은 동경하는 분, 성장, 신념을 꿰뚫는 방법 등이 제시되었습니다.

이런 과정에서 우선 자기인식을 성찰하게 되는 것입니다. 자신의 가치관을 성찰하는 과정은 학생들이 인터뷰할 직업인의 가치관과 학생들의 가치관을 비교하는 일의 첫 단계라고 할 수 있습니다.

워크숍 후에는 2일 차에 진행할 인터뷰 방법에 대해서 안내했습니

캐릭터 워크숍

다. 인터뷰 목적은 학생 스스로 연구자 관점에서 직업인 생활 실태를 파악하는 것이니, 피상적이고 형식적인 일 소개만 하는 것은 안 된다고 강조하며 몇 가지 주의 사항도 제시했습니다.

인터뷰의 목적은 어디까지나 실제로 느낀 일의 보람, 성취감, 즐거움, 고충의 구체적인 내용을 알고 직업인의 가치관과 일의 관계를 알게 하는 것입니다. 기본적인 질문 항목은 "일할 때 성취감을 느낀 사례를 구체적으로 말해주세요"이고, 성취감 외에 고충, 성장, 기쁨의 사례도 질문에 포함했습니다. "기쁨이나 고충을 경험하는 과정에서 그래도 소중히 지키는 자기만의 가치관과 신념은 무엇입니까"라는 질문도 넣었습니다.

또한 그냥 듣기만 해서는 안 되기 때문에 들은 내용을 대자보에 쓰게 했습니다. 대자보는 1면과 2면으로 구성되어 있는데, 1면에는 일의 보람, 성취감, 즐거움, 고충, 가치관과 일의 관계 등 일의 실체에 대해서 알게 된 점을 정리하고, 2면에는 마치 영화 기획안처럼 제목, 기획 포인트, 캐스팅, 스토리 등을 자유롭게 표현하게 했습니다. 마치 놀이를 즐기듯이 자유롭게 인터뷰의 결과를 정리하게 한 것입니다. 이렇게 만든 대자보는 최종회인 3일 차 2월 13일에 직업인들 앞에서 발표합니다.

〈2면 예시〉

타이틀: 당신의 보람은 무엇입니까

스토리: 무로란고등학생과 도쿄의 크리에이터가 꿈속에서 바뀌는 것을 체험함. 그러면서 서로 삶의 보람을 이해하는 두 사람이었지만 어느 날 밤 큰 유성이 접근해 오고 있었다….

고등학생 경력 교육(2일 차)

2일 차인 2월 2일에는 인터뷰를 진행했습니다. 지역기업, ICT 기업, 디자이너, 공무원, 연구원, 산업지원기관, 미디어 등 다양한 직종의 직업인들이 모였습니다. 직업인 10명이 고등학생 4개 그룹을 바꾸어가며 인터뷰에 응합니다. 1인당 20분 인터뷰를 1개 그룹이 5명 할 수 있습니다. 저는 2일 차에 화상회의로 도쿄에서 참여했고 무로란

에서의 진행은 우나키가 담
당했습니다. 저의 우려와 달
리 고등학생과 직업인들은
즐거우면서 진지하게 서로
이야기를 나누었습니다.

드디어 마지막 날, 3일 차
2월 13일에는 발표회가 열렸
습니다. 전반 90분 동안 대
자보를 만들었는데 1면의 인
터뷰 개요 정리는 비교적 수
월하게 한 것 같았지만, 2면

직업인 인터뷰

의 영화 기획 만들기는 조금 어려웠던 것 같습니다. 그룹마다 열띤
토론으로 몰입하다 보니 모두 푹 빠져 책상 위에 올라 대자보를 쓰
는 학생까지 나왔습니다.

드디어 발표 시간입니다. 영화 기획에는 "노동요", "죠시마, 일 그
만둔대요", "보람 고고", "그날 본 요시다의 지각을 우리들은 아직
모른다"라는 독특한 타이틀이 나왔습니다. 독특할 뿐만 아니라 기
획 자체가 일의 실체와 연동한 내용이 되었습니다.

직업인 인터뷰를 통해 "어떤 일도 커뮤니케이션이 필요하다", "실
패를 두려워 말고 자기가 할 수 있는 일을 선택하며 자신을 믿고 성
장해가는 것이 중요하다", "수동적이기보다 주체적으로 행동하면 비
록 실패하더라도 많은 것을 배울 수 있다", "매일 발전하려는 마음

대자보 만들기와 발표

로컬의 발견

으로 공부하는 것이 중요하다" 등의 결론이 도출되었습니다.

2017년 2월 25일 《홋카이도신문》에서는 이들 고교생의 인식을 '일 철학'으로 소개했습니다. 일 철학이란 "고통 없는 사람은 없지만 모두 그 과정에서 보람을 느끼고 있다. 사장이라도 현상에 만족하지 않고 발전하고자 하는 생각을 하고 있다. 포기하지 않는 것이 중요하다"라는 내용이었습니다.

고등학생들은 사회인, 특히 사장 등의 경영인에게 '어쨌든 대단한 일을 매일 하는 사람'이라는 고정관념이 다소 있었던 것 같습니다. 이런 사장들도 매일 여러 실패를 경험할 수 있으며, 포기하지 않고 경험에서 배우고 성장을 이어간다는 점에 놀라고 공감하게 된 것입니다.

놀란 것은 고등학생들뿐 아니라 직업인들도 마찬가지였습니다. 직업인에게 소감을 부탁했더니 "짧은 시간에 어려운 문제를 해결해낸 것이 놀랍다"라고 소감을 말했습니다. 인터뷰 내용을 그만큼 소화하여 그것을 언어로 만든 것이 놀랍다는 의미입니다. 취재하던 《홋카이도신문》 기자에게서도 "미디어 담당자로서 발표를 들었는데, 결과 정리도 잘한 것 같다"라는 기분 좋은 피드백도 받았습니다.

또 하나 예상치 못한 효과는 직업인들에게서 나왔습니다. "일의 보람 등을 말하면서 스스로 초심으로 돌아가게 되었다. 일을 하다 보면 일상에 쫓겨 좀처럼 내 가치관과 신념은 무엇이었을까, 나를 성장시킨 것은 무엇일까 등을 되돌아보기 어려운데 어린 고등학생들의 소박한 질문에 답하면서 원래 자신이 무엇을 하고 싶었는지 발

견하는 소중한 기회가 되었다"라고 합니다. 그날 밤은 그간 무로란
의 뒤풀이 중에서도 제일 열띤 뒤풀이였다고 합니다.

대학생 경력 교육

고등학생 경력 교육의 성공에 힘을 쓴 우리들(무로란시청과 필자의
연구팀)은 이어서 무로란공업대학 학생 1학년에서 4학년 희망자 16
명에게 같은 강좌를 실시했습니다. 2017년 6월 26일, 7월 4일, 7월
24일, 8월 7일, 총 4회 교육을 했습니다.

대학생 대상의 강좌라서 고등학생보다 조금 난도를 높였습니다.
고등학생 교육에서는 직업인들을 교실로 초대하여 인터뷰했는데 대
학생들은 기업을 스스로 선정하여 섭외한 뒤 기업을 견학하여 인터
뷰하게 했습니다.

또한 고등학생 교육에서는 일하는 개인으로서 일의 실체를 인터뷰
하게 했지만 대학생의 경우에는 이에 더해 회사의 실체에 대해서도
조사하게 했습니다. 예를 들어 창업 목적, 고객을 위한 목표, 회사의
강점, 회사의 제일 어려웠던 시기, 문제 내용과 극복 방법 등을 질문
하게 했습니다. 하나의 기업을 회사의 시점과 개인의 시점 양방향에
서 파악하길 바랐기 때문입니다.

3개 그룹으로 나누어 각각 기업을 선택하게 했습니다. 무로란 지
역기업에 대해서는 무로란 테크노센터*가 만든 『무로란 지역 모노즈
쿠리 기업 카탈로그 테크노 메시지』라는 책에서 정보를 자세히 조사

무로란공업대학의 발표회

할 수 있었습니다. 그리하여 하코다테 도크 무로란제작소, 메이세이 엔지니어링, 무로란시청을 조사 대상으로 선택했습니다.

6월에서 8월은 대학 시험 기간이며 취업 활동을 하는 학생도 있었습니다. 상당히 부담스러운 강좌였음에도 불구하고 3개 그룹은 무사히 조사를 마치고 8월 7일에 멋지게 발표했습니다.

인상적인 점은 기업에서도 성실히 대응했다는 것입니다. 단순히 자사의 시설 견학에 그치지 않고 여러 작업 현장을 학생들에게 보여주었습니다. 메이세이 엔지니어링은 현장 담당자가 학생에게 드론

＊무로란 테크노센터(http://www.murotech.or.jp).

을 날려 보여주기까지 했습니다. 학생들은 발표회에서 지역기업을
잘 알지 못했는데 이번에 흥미가 생겼다고 말했습니다.

지역 경력 교육의 의미

지역의 경력 교육은 어떤 것일까요. 지역 주민이 하나가 되는 것 외
에도 지역에 대한 애착을 확인하는 것 아닐까요. 무로란 사카에고
등학교, 가이세학원고등학교, 무로란공업대학 등의 학교, 모노즈쿠
리 기업 활성화팀 학·관·금 무로란, 무로란시 경제부 산업진흥과,
공익재단법인 무로란 테크노센터, 무로란 신용금고라는 학·관·금
의 사무국, 이부리 차세대 혁신쥬쿠에 참여한 다양한 업종의 민간기
업, 그리고 《홋카이도신문》과 《무로란민보》 등 미디어가 잘 협력하
여 성사된 것이 경력 교육 그 자체인 것입니다.

가장 기뻤던 것은 그런 협력 과정에서도 외지인의 의견을 들어준
것입니다. 지역의 여러 관계자가 협력하는 과정에 외지인까지 협력
하니 새로운 아이디어가 나올 수 있었던 것이 아닐까요. 또한 이렇
게 지역에 관여하는 것은 단지 일로서만이 아닐 겁니다.

실제로 우나키는 고교생 대상 경력 교육 종료 후 방재대책과로 이
동했습니다. 그러나 담당이 바뀌어도 대학생 경력 교육에 열심히 협
력해주었습니다. 이처럼 부지런한 지역의 노력에 관계하고 외지인도
지역의 팬이 되면서 조금이라도 좋은 영향을 주는 것이 관계인구의
매력이 아닐까 싶습니다.

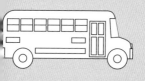

제10장

맺음말,
소소한 이야기와
사람의 연대

이시야마 노부타카

(石山恒貴)

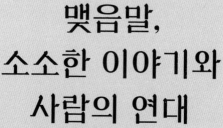

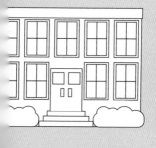

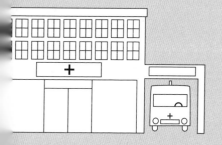

끝까지 읽어주셔서 감사합니다. 지역과 유연하게 만나는 여행 이 야기 즐기셨나요. 다양한 만남의 방식을 실감하셨는지요.

이 책의 앞부분에서 대단한 이야기를 믿는 게 좋을까 하는 문제를 제기했습니다. 자기희생으로 지역에서 필요로 하는 대단한 일에 매 진하는 것이 잘못이라고 말하는 게 아닙니다. 오히려 그런 행동이야 말로 많은 사람이 감동할 수 있는 멋진 일일 수도 있습니다. 그러나 오로지 자기희생으로 대단한 일에 몰입하며 지역과 연결돼야 한다 면 개인의 선택지는 그리 다양하지 않을 겁니다.

오히려 '소소한 이야기'가 지역 공헌으로 이어질 수도 있습니다. 이 책에 소개한 다양한 사례는 개인의 소소한 이야기에서 시작하여 거 기에 우연성이 더해져 지역 활성화로 이어진 것들입니다.

로컬의 발견

J월드에서는 개인적인 체험을 이야기하는 것이 결과적으로 지역 쉼터 만들기, 다양한 세대 교류로 연결되었습니다. 리틀 무나카타의 시작은 친구와 아는 사람이 즐겁게 모이는 것이었습니다. 카모메IT 교실의 이와마는 가벼운 창업지원 세미나를 수강하게 되면서 이치카와시와 관계가 깊어졌습니다. 도사야마 아카데미의 요시토미가 지역에 관여하게 된 계기는 료마에 대한 개인적인 동경이었습니다. 이와사키학원 학생들은 초등학생의 형, 누나가 되고 싶다는 마음으로 초등학생 교육 활동 프로그램을 진행했습니다.

　　이들의 소소한 이야기는 어디까지나 개인이 소소하게 하고 싶은 일에서 시작한 것입니다. 시작부터 지역 공헌 의식을 강하게 가진 게 아니었지요. 여러 우연과 공감하는 이들이 모여들자 결과적으로 지역 공헌으로 이어진 것입니다. 하고 싶은 걸 중심으로 시작하면 진행하는 사람도 즐겁지요. 그런 모습을 보고 공감하는 이들이 늘어나면 활동이 점차 확대되는 겁니다.

　　또 스스로 하고 싶은 일이니 단발성이 아니라 장기적으로 이어지는 것입니다. 이렇게 스스로 작지만 하고 싶은 걸 하다 보면 지역과 유연하게 연결됩니다. '지역이 좋다'는 마음이 있기 때문이지요. 물론 처음부터 지역을 좋아한 것은 아닙니다. 리틀 무나카타의 발기인 중에는 하루빨리 고향 무나카타를 떠나고 싶다며 학생 시절에 도쿄로 떠난 사람도 있었습니다. 또는 지역과 연결에 별로 관심이 없고 고향도 이주지도 그다지 관계성을 갖지 않고 사는 사람들도 있었습니다. 이들은 어떻게 지역을 좋아하게 되었을까요. 계기는 여러 가지이지만 공통분모가 있습니다. 사람과 사람의 연대가 '지역을 좋아하게 되도록 지원해주었다'는 것입니다.

리틀 무나카타의 경우 고향을 떠나 도쿄에 사는 사람들과 만나면서 고향 이야기로 들뜨고 고향의 좋은 점을 재인식하게 되었습니다. 카모메IT교실의 이와마는 지역에서 자신의 인맥 기반이 탄탄함에 자신감을 느껴 지역을 좋아하게 되었습니다. 도사야마 아카데미의 요시토미는 고치의 술친구와의 인연으로 주소를 옮길 정도로 고치를 좋아하게 되었습니다. 이와사키학원의 학생은 초등학생을 통해 요코하마와의 관계를 실감하게 되었습니다. 나카쓰가와시와 에나시에서는 비영리법인 이와무라 잇사이쥬쿠가 연 다양한 계층이 참여하는 학습회·강연회가 지역에의 애착을 높였습니다. 시즈오카의 사사마지구에서는 자신들의 미래를 생각하는 나마즈야 모임에서의 교류가 폐교 교류센터에 아이들의 목소리가 다시 들리게 하면서 그것이 지역과 유대를 강하게 했습니다. 무로란에서는 고등학생이 직업인을 인터뷰함으로써 고등학생과 직업인이 다시금 무로란의 매력을 재발견하게 되었습니다.

이런 이야기의 공통점은 무엇일까요. 저는 지역과 유연하게 만나기 위해서는 거창하게 어깨에 힘줄 필요는 없다고 생각합니다. 자신이야기 즉, 소소하게 하고 싶은 일을 계기로 주변 사람들과 지역에 관해 이야기하는 것부터 시작하기를 바랍니다. 그러다 보면 나도 모르게 지역이 좋아지고 그것이 지역과 유연하게 만나는 첫걸음이 될 테니까요. 이 책을 통해 그런 기회를 만나기를 바랍니다.

감사의 말

이 책에서 제시한 '지역과 유연하게 만나기'라는 주제로 많은 분이 흔쾌히 글을 실어주었습니다. 그분들의 협력 자체가 이 책의 존재 가치라 해도 과언이 아닙니다. 깊이 감사드립니다.

특히 니가타 캐리어 발전 포럼 히라마쓰 모모카, 오이타 이노베터즈 코레지오, 100인회의, 히로시마현 후쿠야마시(이상 제1장), 비영리법인 어린이 환경을 지키는 모임 J월드 시바타 히로미, 구로다 아쓰마사, 고쿠라보 퓨처센터, 비영리법인 시즈오카 퓨처센터 서포트네트 ESUNE(이상 제2장), 리틀 무나카타(제3장), 이와마 마호, 비영리형 주식회사 폴라리스, 고난다이 타운카페(이상 제4장), 학교법인 이와사키학원(제6장), 주식회사 가토제작소, 주식회사 사라다코스모, 나카쓰가와 중산도 역사자료관(이상 제7장), 기업조합 쿠레바

(제8장), 무로란시(제9장) 등에 깊이 감사를 드립니다.

제8장을 쓴 사노 아리토시는 이 책의 편집자로도 수고해주신 점 감사합니다.

이렇게 많은 분의 협력과 단체의 의지를 독자 여러분에게 모두 전하고 싶습니다.

2019년 9월

오이타시로 향하는 소닉호에서

저자를 대표하여

이시야마 노부타카

　　　　　　　　로컬의 발견

공동 집필자

이시야마 노부타카(石山恒貴)

　법정대학(호세이대학) 대학원 정책창조연구과 교수

기타가와 가스즈미(北川佳寿美)

　호세이대학 대학원 정책창조연구과 연구원

가타오카 아키코(片岡亜紀子)

　호세이대학 대학원 정책창조연구과 박사과정

다니구치 치사(谷口ちさ)

　호세이대학 대학원 정책창조과연구과 박사과정

야마다 진코(山田仁子)

　학교법인 이와사키학원 정보과학전문학교 교원

　호세이대학 대학원 정책창조연구과 연구원

기시다 야쓰노리(岸田泰則)

　호세이대학 대학원 정책창조연구과 후기박사과정

사노 아리토시(佐野有利)

　호세이대학 대학원 정책창조연구과

지역과 유연하게 만나면
내 삶이 달라진다

　연구팀(서강대 SSK지역재생연구팀)은 일본의 지역재생 과정에서 등
장하는 개념과 사례를 '○○의 진화'라는 제목으로 번역 출판하고
있다. 『마을의 진화』는 도쿠시마 가미야마, 『인구의 진화』는 관계인
구 개념과 시마네, 『시골의 진화』는 고향납세(고향사랑기부금)제도
와 홋카이도 가미시호로, 『창업의 진화』는 로컬벤처 개념과 니시아
와쿠라 사례를 소개하였다.

　제3의 장소 개념과 사례를 소개한 이 책의 제목을 『로컬의 발견』이
라고 지었다[원제는 『지역과 유연하게 만나기!: 제3의 장소와 관계인구의
시대(地域とゆるくつながろう! サードプレイスと関係人口の時
代)』]. 이 책은 개념, 방식, 사례, 주체 부문에서 다채로운 시사점을
제공한다. 이는 이 책을 읽어야 할 이유이자 장점이라고 할 수 있다.

이유 1: 새로운 개념 소개

첫째, 이 책은 지역재생에 참고할 만한 유용한 개념을 제시한다.

우선 '지역' 개념은 행정구역이나 도시의 반대말이 아니다. 일반적으로는 주거지, 고향, 관심 있는 곳의 세 의미를 포함할 수 있는데 이책에서는 '역사와 문화 등에서 통일성이 있는 일정 구역'으로 정의하며, 구역에 관한 관심의 필요성을 강조한다. 이러한 강조는 이제까지 피상적이고 무심하게 여긴 지역의 느낌을 좀 더 내 삶에 가깝게할 필요가 있다는 말로도 해석할 수 있다. 즉 주어진 것이 아니라 노력하여 '구성'하는 주체적인 느낌으로 지역의 중요성을 말하고 있는것이다.

다음으로 소개하는 개념은 '수평 경력'이다. 쉽게 말하면 일상을구성하는 경력이 (이력서에만 쓸 수 있는 스펙과 같은 고정되고 유일한경력이 아니라) 얼마든지 다양할 수 있다는 것이다. 즉 유급노동, 가사노동, 증여행동, 학습행동을 동시에 추구하는 새로운 라이프스타일이 점점 보편적으로 확산하고 있으며, 수평 경력을 통해 지역의 삶이 풍부해질 수 있다고 평가한다.

'제3의 장소' 개념도 중요하다. 올덴버그의 『제3의 장소』는 이미 국내에 번역되었고, 스타벅스와 같은 마이 플레이스(my place) 이용도보편화되어 있으므로 새삼스레 제3의 장소를 강조할 필요는 없을수도 있다. 그러나 지역과 제3의 장소를 연결하면 이야기는 달라진다. 즉 편하게 들르는 선술집이나 카페 한구석의 나만의 공간처럼 지역이 내가 다가가기 편하고 뭔가 새롭게 형성될 수 있는 촉매 공간이 된다면 지역에 대한 기존의 이미지가 달라질 수 있기 때문이다.

지역과 연결된 목적 교류형 제3의 장소는 특히 더 중요하다. 여기에서 '장소'는 지리적 공간 개념을 포함하면서 지역재생에 직접적으로 관여하는 자발적이고 능동적인 기관이나 단체도 의미한다. 예를 들면 모두가 즐길 수 있는 사랑방과 같은 커뮤니티 카페뿐만 아니라 비영리법인, 독서회, 학습회, 일시적인 이벤트도 모두 제3의 장소라고 넓게 개념화한다.

목적 교류형 제3의 장소는 특정 계층만 열심히 참여하는 의무적 공동체보다는 자발적이고, 사교나 휴식을 위한 개인적 의미보다는 좀 더 목적을 지향한다는 속성이 있다. 즉 좀 더 자발적이고 좀 더 의미를 지향하면서 여러 사람이 모여 움직일 때 지역재생에 기여할 수 있다고 평가하는 것이다.

이유 2: 새로운 방식 소개

둘째, 이 책은 몇 가지 핵심 개념을 바탕으로 지역과 만나는 유연한 방식을 강조한다. 네트워크사회론에서는 강한 연결의 네트워크보다 느슨한 연결의 네트워크가 더 큰 발전 가능성이 있다고 강조하는데 저자의 관점도 그러하다. 저자는 느슨하고 개방적인 네트워크를 형성하면서 자신의 수평 경력이 알차게 형성되고 삶의 질이 향상될 수 있으며 이는 결과적으로 지역재생에 기여하는 것이라고 평가한다.

저자는 서문에서 "이 책에서 지역과 유연하게 연결하기를 추천하는 이유는 그것이 개인의 경력 형성에 자극이 되고, 다양한 자기인식을 형성할 좋은 기회이기 때문"이라고 강조한다. 지역재생이라는 거창한 목표를 이루기 위해 읽어야 하는 것이 아니라 개인의 필요에서 출발해야 한다는 점을 강조한다.

공동체, 지역, 국가와 같은 큰 개념이 아니라 개인에서 출발해야 한다고 강조하는 면에서 거대담론보다는 미시적 자각을 중요하게 평가하는 것인데 이와 같은 단계적이고 유연한 접근을 통해 협력적 관계가 형성되는 것이 맞다고 본다. 의무와 가입만 일방적으로 요구하던 것에서 벗어나 자발적으로 필요성을 깊게 느껴 참여하되 언제든 좀 느긋할 정도로 여유를 가지고 지역에서 살아갈 필요가 있다고 이야기하는 것이다.

사실, 조직의 일부로 개인을 평가하고 목표 달성만을 요구하던 단거리 경주 같은 것이 근대의 방식이었다면 이제는 개인뿐만 아니라 모든 지역사회의 구성원이 다양하게 존재를 평가받고 다양한 성취도 그 나름대로 인정하는 긴 마라톤과 같은 방식을 적용할 필요가 있다.

무엇보다 "왜?"라는 질문에 대한 대답이 준비되어야 하는데, '나는 왜 활동하고 왜 존재하는가'라는 의문에 답하지 못하는 사회란 그 누구의 것도 아닌 피상적이고 허망한 것에 불과하기 때문이다. 적어도 구성원 모두가 나름의 존재 가치가 있으며 존재 가치가 있는 만

큼 무엇이든 해볼 수 있다는 식의 개방적이고 포용적인 사고방식이
필요한 시대이다.

이유 3: 다양한 사례와 주체 소개

셋째, 이 책은 다양한 유형의 활동을 소개한다. 특히 고령자, 이직
준비 중인 여성, 대도시에 거주하는 지역 출신자, 어린이, 대학생 등
이제까지 지역재생 사업에서 중요한 주체로 평가하지 않았던 다양
한 주체들을 강조하는 사례들이 많다.

청년, 이주자, 혹은 특별한 목적을 가진 사람만 지역재생 활동을
할 수 있는 것이 아니라 누구나 어떤 이유로든 다양한 방식으로 공
간과 조직을 형성하고 지역에서 활동할 수 있다는 것을 보여주고
있다.

물론 이 세 가지 이유 외에도 책을 읽다 보면 장소가 진화되면서 사
람과 지역이 어떻게 더 낫게 그리고 행복하게 바뀔 수 있는지 훨씬 풍
부하게 이해할 수 있을 것이다. 다만 사례 소개 책이 으레 그렇듯이
특정 지역과 인물명이 꽤 많이 등장하는데 일본에 낯선 독자라면 읽
기 힘들고 낯선 고유명사들일 것 같다. 그렇다고 고유명사를 뺄 수
도 없기에 그 이해를 돕기 위해 추가한 역주가 좀 많다.

이 책은 일본에서 5쇄를 발행하며 인기를 끌었다. 특히 코로나19
가 발생한 이후 지역에 관한 관심이 높아지면서 그 인기가 높아졌

제3의 장소	지역	특징
100인회	가와자키	시한이 있는 10분 발표회
D랩	시즈오카현 후지에다	육아를 병행하는 워킹우먼을 위한 공유 공간
J월드	지바현 마쓰도	어른과 어린이가 함께 즐기는 개방적인 놀이 공간
경력 교육	홋카이도 무로란	중고등학생, 대학생 경력 교육
경력발전포럼	니가타	관계인구들의 경력 발표회
고령자 채용	기후현 나카쓰가와	고령자 채용과 평생학습
고쿠라보 퓨처센터	시즈오카현 현립대학	학생들이 운영하는 지역 현안 의논 장소
도사야마 아카데미	고치현 도사야마	사람이 순환하는 시스템을 만드는 교육 이주자와 주민 교류 프로그램
리틀 무나카타	후쿠오카현 무나카타	대도시에 거주하는 고향 출신자들의 지역연 결회
어린이 IT 교육	요코하마현 이와사키	대학생의 어린이 IT 교육
이노베이터스 코레지오	오이타	지역 혁신가 강연회
카모메IT교실	지바현 이치카와	고령자 대상 IT 교육
타운카페	요코하마시 고난구	카페 모임과 창업을 통해 재미있는 마을 만들기
폐교 활동	시즈오카현 시마다	폐교 활용 및 지역 박람회 등 지역재생 사업
폴라리스	도쿄도 쵸후시	여성 일자리 실현 사업. 컨설팅과 커뮤니케이션 형성 지원
히토토나리 술집	시즈오카현 시즈오카	지역 주민을 게스트로 초대하여 이야기를 나누며 마시고 즐기는 이벤트

로컬의 발견

다. 우리나라에서도 그에 상응하는 호응이 이루어지면 좋겠다. 또한 코로나19가 해소된 후에 언젠가는 부디 이 책을 들고 여기 소개된 지역들에서 활동이 잘 이루어지고 있는지 견학해볼 기회가 오면 좋겠다.

2022년 5월
역자를 대표하여
조희정

로컬의 발견

▰ 제3의 장소와 관계인구 ▰

초판 2쇄 발행   2023년 4월 5일

편저   이시야마 노부타카
옮긴이   윤정구·조희정
펴낸이   서복경
기획   엄관용
편집   이현호
디자인   와이겔리

펴낸곳   더가능연구소
등록   제2021-000022호
주소   04071 서울특별시 마포구 성지길 36-12, 1층(합정동, 꾸머빌딩)
전화   (02) 336-4050
팩스   (02) 336-4055
이메일   plan@theposslab.kr
인스타그램   @poss_lab

ISBN   979-11-975290-8-5   03300

＊책값은 뒤표지에 있습니다.
＊잘못 만들어진 책은 바꿔 드립니다.